KB272349

동맹이라는 거짓말

표지 설명

표지는 전체적으로 검은색 바탕이며, 중앙에 제목 《동맹이라는 거짓말》이 크게 배치되어 있다. 제목 글씨는 단순한 인쇄 글자가 아니라, 씨실과 날실로 짜인 면직물을 오브제로 활용했다. 겉으로는 촘촘하고 단단하게 짜인 천처럼 보이지만, 자세히 보면 군데군데 헤지고 틀어져 금방이라도 허물어질 듯하다.

제목 중 '동맹'은 흰색, '거짓말'은 붉은색으로 표현되어 강한 대비를 이루며, 두 단어 사이에는 '이라는'이 세로로 작게 배치되어 있다. 직물의 결을 살린 거친 질감은 겉보기에는 단단해 보이지만 실제로는 쉽게 해체될 수 있는 관계의 불안정함을 상징한다. 이는 표면적으로는 견고해 보이는 '동맹'이 실상은 균열과 긴장을 안고 있는 위험한 상태일 수 있음을 시각적으로 전달한다.

표지 아래쪽에는 붉은 글씨로 "국제질서의 파열, 대한민국의 시간이 찾아왔다"라는 문장이 적혀 있고, 저자명 이승원은 제목 오른쪽에 작게 표시되어 있다.

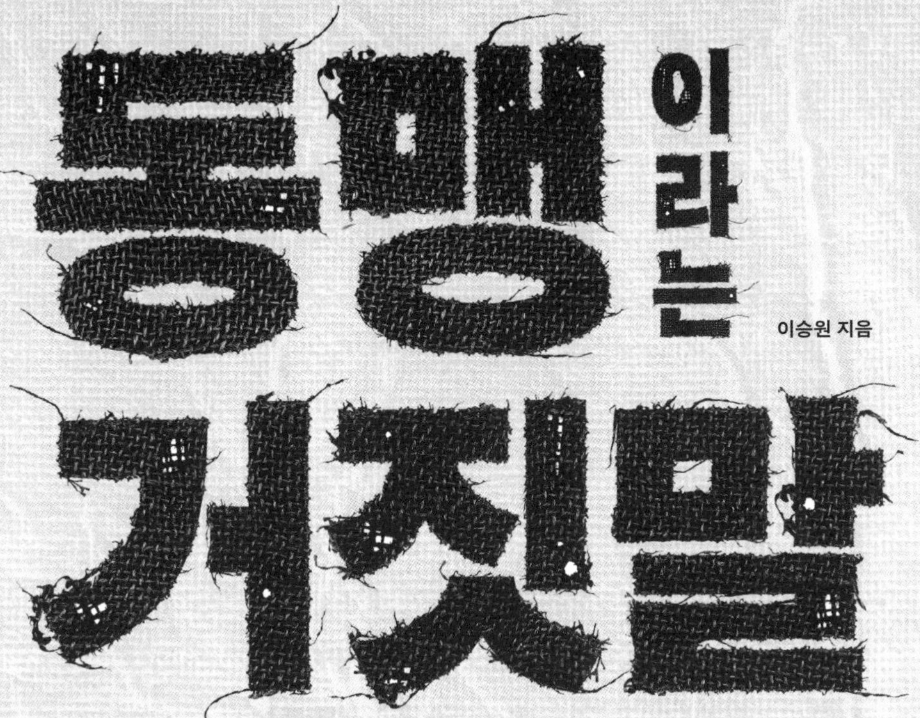

동맹이라는 거짓말

국제질서의 파열,
대한민국의 시간이
찾아왔다

이승원 지음

멀리깊이

세계의 파열

2020년 11월 미국 대선을 몇 달 앞둔 여름, 여전히 많은 사람들이 트럼프 재선을 점쳤지만 나는 동의하기 어려웠다. 반박하고 싶었다. 논문 준비와 방송 진행 등으로 정신없던 2020년 중순부터 결국 책을 쓰기 시작했다.

북한 핵 포기를 위해서는 중국의 도움이 필요조건이고 이를 위해 미-중 관계가 개선돼야 한다는, 다시 말하면 미-중 관계의 역학이 한반도의 운명을 가른다는 내용이었다. 또한 1990년대 1차 북핵 위기 이후 약 25년간의 북미 핵 협상 과정을 재점검하며 새롭게 탄생할 (것으로 믿는) 바이든 정부가 '2019년 하노이 북미 정상회담' 실패를 극복하고 한 발 더 나아가기를 희망하는 내용도 담았다. 그 책은 당시 바이든 대통령 후보의 당선을 전제로 한 책이었고, 따라서 트럼프가 재선에 성공한다면 그날로 휴지통에 버려질 운명을 안고 시작됐다. 다행히 바이든 후보는 제46대 미국 대통령으로 당선됐고 《바이든 플랜》은 무사히 출간됐다. 이후 5년이 훌쩍 흘렀다. 출간 후 다시 책을 쓰는 일은 없을 것이라 다짐했지만, 또다시 책상 앞에 앉았다. 세상 돌아가는 일에 대해 말하고 쓰는 직업의 성격상 지금은 반드시 정리와 해석, 전망과 상상력이 필요한 시기라고 생각했기 때문이다.

2000년대 조지 W. 부시 행정부의 이라크 침공과 미국발 금융위기로 촉발된 미국의 위상 하락, 2010년대 중국의 부상과 러시아의 도발(2014년 크림반도 강제합병), 급기야 2020년대 벌어진 러시아의 우크라이나 침공(2022년)과 트럼프의 재등장(2024년 대선) 등 일련의 사건들은 명확한 징후이자 신호였다. 지금 숨 쉬고 있는 우리가 지난 제2차 세계대전 이후 수십 년간 익숙하게 여겨왔던 세계 질서 혹은 당연하다고 '믿어온' 세상의 모습이 완전히 다르게 변해가고 있음을 말하고 있었다.

1945년 이후 냉전 시기를 거쳐 1990년 전후 동구권이 해체되자 세상에서 '적이 사라졌다'. 미국 중심의 경제 및 안보 질서는 확실히 안착되는 모습이었다. 강력한 경제력·군사력을 바탕으로 질주해 온 미국은 힘의 피라미드 정점에서 세계 질서를 규율하고 관리하기 시작했다. 여러 심각한 부작용에도 불구하고 슈퍼맨이자 세계 경찰을 자임한 미국 주도의 일극 체제는 어떤 식으로든 유지·발전돼 온 것이 사실이다. 그러나 2003년 부시 행정부의 명분 없는 이라크 침공과 2008년 금융위기 등으로 위기의 조짐이 싹텄고 국제사회가 몸살을 앓던 사이, 정치적 궤도의 변방에 있던 중국은 조용히 G2로 부상했다. 금융위기 충격 직후 부자 나라들의 사교 모임이라고 조롱받던 G8(2014년 러시아 퇴출 이후 G7)은 즉각 G20 정상회담으로 확대됐고(2008.11.15)[1] 초강대국 미국이 중국에 도움을 청하는

1　G20은 이전까지 장관급 수준에서 개최되었다. 2008년 11월 4일 대선에서 당선된 버락 오바마는 당선자 신분으로 이 정상회담에 참석했다.

장면이 연출됐다. 미국의 굴욕전이자 중국의 데뷔 무대였다.[2] 한편 미국과 세상을 양분하며 힘을 과시했던 소련 출신 블라디미르 푸틴 대통령은 2000년부터 지금(2026년 현재)까지 집권하며 호시탐탐 국제질서를 흩뜨려놓을 기회를 노려왔다(참고로, 이오시트 스탈린은 31년 집권했다. 기록을 깰지 두고 볼 일이다). 푸틴은 과거 잘나가던 러시아 제국의 영광을 그리워했고 2014년 크림반도 강제 병합은 그 야심을 보여주는 하나의 예고편이었다.

제2차 세계대전 이후 양분된 세계에서 악당(공산주의 세력)이 등장하면 어디선가 영웅(미국)이 나타나 이를 무찌르는 게 세상의 법칙으로 보였다. 할리우드 영화의 기본 레퍼토리이자 미국이 대내외에 주입시켜 온 자신들의 서사이기도 했다. 하지만 한때 영웅이었고 혹은 영웅이고 싶었던 미국은 이제 달라졌다. 무엇보다 유권자 다수는 자유주의 질서를 비난하고 전후 세계를 재편하는 과정에서 떠안게 된 부담과 책임을 내버리겠다는 '아메리카 퍼스트(America First)' 트럼프를 선택했다. 무려 두 번이나. 트럼프는 영웅-악당 서사에 관심조차 없다. 어떤 사안이 발생했을 때 규범·질서·제도를 강조하며, 가식적이고 위선적일지언정 심판자로 나섰던 미국을, 트럼프와 그의 지지세력(MAGA, 이후 마가)들은 더 이상 원치 않는다. 트럼프는 심판자 역할을 포기했고 심지어 혐오한다. 이른바 거래주의적 접근(transactional approach), 쉽게 말하면 이길 만한 상대를 골

---

2   박준형, "후진타오 '신참 오바마' 흔들며 주도권 잡기", 매일경제, 2009.4.2.
     후진타오 주석은 신화통신과의 기자회견(2009.3.31)에서 "글로벌 금융위기가 재발하는 것을 막기 위해 현 국제금융 시스템이 전면적이고 점진적으로 개혁돼야 한다"라고 밝혔다. 또한 "중국은 책임 있는 국가로서 G20 참가국과 힘을 합해 적극적이고 실질적인 결과가 나오도록 노력하겠다"고 말했다.

                                                        동맹이라는 거짓말

라 미국 혹은 트럼프 개인에게 이익이 되는 일에만 집중한다. 가식이 사라진 자리에 돈과 이익만 남았다. 그는 선과 악을 말하지도 않는다.

대신 강대국 정치(Realpolitik) 즉 힘과 이익이 정비례하는 날것 그대로의 국제질서를 수용한다. 이른바 스트롱맨(권위주의적 리더, 독재자)에게 관대해 보이는 이유는 여기에 있다. 강대국 정치의 귀환이다. 우크라이나 침공 이후 수년간 고립됐던 푸틴에게 레드 카펫을 깔아주고(2025년 8월 15일 미러 알래스카 정상회담), 시진핑 주석에게 유화적인 제스처를 취하며 '일단 휴전'을 선언한 것을 비롯해(2025년 10월 30일 미중 정상회담), 한국 경주 방문 당시 북한 김정은 국무위원장에게 집요할 정도로 만남을 요구했던 장면들은 장기집권을 선망하는 트럼프의 욕망까지 보여준다.

이 같은 국제질서의 급격한 흐름이 중요한 이유는 다름 아닌 우리의 문제이기 때문이다. 1953년 7월 한국전쟁 '휴전' 이후 완전히 빈 터전에서 놀라운 속도로 성장·발전해 온 대한민국은 마침내 세계 경제 10위권에 다다랐다. 기적이다. 하지만 기억해야 할 것은 70년이 넘는 시간 동안 한국이 신뢰하고 의존해 온 질서·제도·사회구조, 각종 규범의 기준 혹은 바탕에 다름 아닌 미국이 있었다는 점이다. 다시 말하면 우리는 지금까지 전후 미국이 구축해 온 질서와 규범을 전제로 생존해 왔지만 이미 세상은 빠르게 변하고 있고 우리 또한 경제, 안보, 외교에 있어서 거대한 전환점을 맞이하고 있다. 우리는 그리고 세계는, 거대한 지각변동의 한복판에 위태롭게 서 있다. 무엇을 준비해야 할까? 이 책을 시작한 이유다. 이 책은 국제정치에 관심을 갖는 일반 독자를 위해 정리한 내용이다. 논문과 언론, 각종 매체에 어지럽게 흩어진 정보와 전망을 나름대로 해석하고 정리했다. 한양대학교 교육대학원에서 강의하며 연구했던 내용들도 상당히 담았다. 부디 쉽게 읽히고 널리 회자되길.

Q. 가까운 미래에 아시아의 최강대국으로서 미국의 지위를 대체하려는 중국 지도자들의 의지가 진지하다고 보십니까?

A. 물론입니다. 왜 아니겠어요? 그들의 재각성된 운명론적 의식(reawakened sense of destiny)은 압도적인 힘입니다.

Q. 중국은 미국이 구축한 전후 질서 내 위치를 수용할 것이라고 보십니까?

A. 아니요. 중국의 의도는 세계 최강대국(the greatest power)이 되는 것이고, 서구의 명예 회원국(honorary member)이 아닌 중국 그 자체로 인정받는 겁니다. 중국은 이번 세기를 미국과 동등한 위치에서 함께 나누고자 할 겁니다.

— 리콴유 전 싱가포르 총리

그레이엄 앨리슨·로버트 블랙윌과 나눈 인터뷰에서(2013.3.5)[3]

"단도직입적으로 말씀드리겠습니다. 우리는 지금 전환이 아니라 파열의 한가운데에 있습니다(rupture, not a transition). …최근에는 강대국들이 경제 통합을 무기로, 관세를 지렛대로, 금융 인프라를 강압으로, 공급망을 취약점으로 삼아 악용하기 시작했습니다. 통합이 종속의 근원이 되는 상황에서 통합을 통한 상호 이익이라는 거짓말을 믿으며 살아갈 수는 없습니다."

— 캐나다 총리 마크 카니

다보스 포럼 연설에서(2026.1.20)

---

3 Graham Allison and Robert Blackwill, "Interview: Lee Kuan Yew on the Future of U.S.-China Relations", The Atlantic, 2013.3.5.

지금까지 관찰해 온 바, 소위 전문가들은 대체로 회의론자들이다. 지금 이대로 괜찮은가? 우리가 놓치고 있는 것은 없는가? 또 어떤 위기가 찾아올 것인가? 미래는 지금과 또 어떻게 다를까? 날마다 의심하는 게 직업인 사람들이다. 또 한 가지는 학문에도 일종의 유행이 있다는 것이다. 한참 우르르 몰려가 해부하는 담론이 이어지다가 어느 시점이 되면 또 다른 담론과 어젠다로 달려가 공방을 벌인다. 맞건 틀리건 대부분 논쟁의 과정들은 '어쨌든' 건강하다. 서로를 자극하고 생각하게 하고 무엇보다 상상하게 만들기 때문이다. 이런 맥락에서 '다극 체제(a multi-polar world)', '불안한 단극 체제'라는 말도 꽤 오래전부터 논의됐다.

그렇다면 어느덧 익숙해진 다극 체제 논의와 최근의 담론은 무엇이 다를까? 답은 '도널드 트럼프'에서 찾아야 한다. 2000년대부터 지금까지 아슬아슬하게 균열 간 얼음판 위에서 배팅하듯 논쟁을 벌였다면, 무려 두 번에 걸친 트럼프의 등장은 얼음판을 완전히 박살내고 논쟁에 마침표가 찍혔음을 의미한다. 다극 체제는 지면 위 논쟁이 아닌 지극한 현실이다.

2025년 12월 공개한 국가안보전략(NSS, 미국 행정부의 정책 방향을 보여주는 최상위 문서)에 노골적으로 드러나듯 미국은 앞으로 동맹에 대한 책임과 부담을 대폭 덜어내고 미국 우선주의(America First)에서 더 나아가 '미국 절대 우선주의(America Only)'로 나갈 것임을 공식적으로 선언했다. 오로지 미국에 이익을 가져올 일방주의, 힘 있는 강대국 중심의 국제 정치, 거래주의 외교로 점철될 것이라는 선전포고문처럼 보였다. 가치나 규범, 이념에 따른 동맹과 협조는 더이상 기대하기 어렵다. 따라서 미-소 냉전 구도를 상정하기도 어렵다. 2025년 8월, 트럼프가 3년 이상 고립됐던 푸틴과 전격 회동한 일이나 같은 해 시진핑과 악수하며 관세 전쟁 휴전을 선언한 것은 그저 예고편이었을 뿐이다.

강대국 정치의 다른 의미는, 세계대전 이후 미국과 호흡을 맞춰 온 동맹들에게 지독한 후유증과 부담을 남길 것이라는 뜻이기도 하다. 이른바 계산서 청구다. 이 계산서는 물론 미국의 일방적 주장이긴 하지만 어쨌든 핵 우산을 씌워주고, 분쟁이 생기면 미군을 파병하고, 경제가 어려우면 죽지 않을 만큼 지원해 주는 등 미국 중심 질서를 유지/확대하기 위해 기꺼이 부담했던 모든 서비스에 뒤늦게 '값'을 매기고 있다는 뜻이다. 자신들이 보이지 않게 가져간 엄청난 경제적·정치적 이득에 대해서는 일언반구도 없다. 현재 계산서를 통보받은 유럽, 한국, 일본, 캐나다, 멕시코 등 동맹들은 당혹과 불안 그리고 분노라는 복잡한 감정에 휩싸여 있다.

동맹, 잔치는 끝났다.

"정확히 말해 위기는, 오래된 것은 죽어가는데 새로운 것은 태어날 수 없다는 사실 위에 존재한다. 이 공백기(interregno) 에 온갖 병리적 현상들이 나타난다."[4]

---

4 Antonio Gramsci, 《Quaderni del carcere》. "La crisi consiste proprio nel fatto che il vecchio muore e il nuovo non può nascere; in questo interregno si verificano i fenomeni morbosi più svariati."

이탈리아 정치철학자 안토니오 그람시(Antonio Gramsci)는 1930년대를 관찰하며 이 같은 유명한 문장을 남겼다. 오랜 시간 유지돼 온 구질서가 해체된 뒤 일정 시간이 흐르면 새로운 아이디어가 부상하고 응집돼 다른 질서가 형성되곤 했던 과거와 달리, 지금은 어지럽기만 하다. 2000년대를 불안하게 관찰해온 많은 사람들은 저 오래된 문장에 시선을 빼앗긴다. "혼란과 불확실성, 공동의 목적을 위한 단결의 부재 기간이 너무 길어지면 어느 시점에 이르러서는 그 자체가 하나의 문제"가 된다.[5] 서서히 균열을 보이던 미국 중심의 단극 질서는 트럼프가 나타나 단박에 박살냈다(그래서 '자살'이라고 부른다). 여기까지는 분명하다. 그렇다면 미래는 어떤 모습일까?

유일하게 나온 답이라면 다극 체제라는 다소 싱겁지만 중요한 결론이다. 다극 체제라는 표현은 대표적으로 시진핑과 푸틴이 즐겨 사용하는 단어이기도 하다. 시진핑은 주석 자리에 오른 지 2년 뒤 시점인 2015년 9월 유엔(UN) 안보리 연설에서 "세계는 가속화된 진화의 역사적 과정을 겪고 있다. 평화와 발전, 진보의 햇살은 전쟁과 빈곤, 후진성의 구름을 뚫고 나올 만큼 강력할 것이다. 다극화된 세계로의 움직임과 신흥 시장 및 개발도상국의 부상은 역사의 거세진 흐름이 되었다"고 강조했다.[6]

현재 다극 체제 담론 내에서 치열한 논쟁은 미-중 경쟁이라

5　정유진, "거스틀 교수 '트럼프, 새 정치 질서 세우려 선거 개입할 수도'", 경향신문, 2026.1.2.

6　시진핑 유엔 연설, "Working Together to Forge a New Partnership of Win-win Cooperation and Create a Community of Shared Future for Mankind", 2015.9. 29.

　　　　　　　　　　　　　　　　　　　　　동맹이라는 거짓말

는 명확한 양극 구도로 굳어질 것인지, 아니면 미중 경쟁 속에서 러시아, 유럽연합, 일본, 인도, 브라질 등 이른바 미들 파워(Middle Powers)들이 상당한 영향력을 갖는 다극 구도로 향할 것인지 그 방향성을 두고서다. 다만, 양극 체제를 주장하는 이들이든 다극 체제를 주장하는 사람들이든 한 가지 공히 인정하는 부분은 중국이 미국의 패권을 위협하는 가운데 세상은 이전보다 훨씬 복잡하고 난폭하게 돌아갈 것이라는 점이다[본문에서 자세히 설명할 내용이지만 역사적 경험에서 유추하자면 동물의 왕국과 같은 국제질서의 본성 속에서 세 개 이상의 강대국이 각축전을 벌이는 다극 체제보다, 미-소 냉전처럼 양극 체제가 보다 안정적이라는 주장이 상당하다. 물론 미-소 대립과 같은 역사적 경험 자체(양극 구도)가 부족하다는 반론도 나온다].

'자유주의 국제질서(liberal international order)는 단극 체제(패권)라는 전제조건하에서 가능했다'는 존 아이켄베리의 주장이 맞다면 과연 미국의 힘이 빠진 다극 체제에서는 어떤 질서가 자리 잡게 되는 것일까.[7] 과거 인류가 지나온 강대국 정치의 시간과 경험은 이미 답을 갖고 있는 듯하다.

전쟁이 쉬워진다

2025년 말 영국 〈이코노미스트〉는 2026년을 전망하는 기사를 내놓는다.[8] 핵심은 서구 자유민주주의, 지정학, 경제 등 주요 3개 영

---

7   G. John Ikenberry, "The Next Liberal Order: The Age of Contagion Demands More Internationalism, Not Less", Foreign Affairs, 2020.6.9.

8   Zanny Minton Beddoes, "The contours of 21st-century geopolitics will become clearer in 2026", The Economist, 2025.11.10.

역에서 세계의 윤곽이 보다 뚜렷해질 것이라는 예측이었다.

첫째, 서구 자유 민주주의의 미래다. 무엇보다 2026년 11월로 예정된 중간선거는 미국이 준권위주의(quasi-authoritarian populism)라는 심각한 위험에 빠져 있는지 가늠할 시금석이 될 것이라고 봤다. 동시에 영국, 프랑스, 독일 등 유럽 내 포퓰리즘이 득세하는 상황이 고착화되는지 확인할 수 있는 시기라는 분석도 내놨다.

일례로, 민주주의의 탈을 쓰고 있지만 확실한 권위주의로 전락한 헝가리는 민주주의를 연구하는 학자들 사이에서 골칫거리가 된 지 오래다. 선거와 법, 삼권 분립 등은 형식적으로 존재하지만 대통령 입맛에 맞게 행정, 사법, 입법 그리고 언론까지 모든 것이 좌지우지되고 있다. 정확히 트럼프가 좋아하는 모델이다. 분석가들은 2026년 미 중간선거를 '헝가리식 권위주의' 모델로 추락할지 여부를 판가름하는 분기점으로 보고 있다.

두 번째 영역은 이 책에서 주로 다루게 될 '지정학적 불안정성'이다. 트럼프식 거래주의(Trumpian transactionalism)는 전 세계적으로 변덕스러운 평화 구축, 미국 뒷마당에서 근육질을 자랑하는 (무력을 포함한) 개입주의, 그리고 핵심 공급망을 둘러싼 기회주의적 거래라는 기묘한 하이브리드 형태로 나아갈 것이라는 관측이다. 2025년 국가안보전략(NSS)에서 밝힌 것처럼 트럼프식 먼로주의[9]

---

9 트럼프 행정부는 국가안보전략에서 "비(非)서반구 경쟁국들은 (미국에) 경제적 불이익을 주고 미래 전략적 피해를 초래할 수 있는 방식으로 '우리 반구'에 크게 침투해 왔다"며 이를 "전략적 실수"였다고 평가한다. 그러면서 "수년간 방치된 서반구에서의 우위를 회복하겠다"고 강조했다. 여기서 말하는 '비서반구 경쟁국'은 사실상 중국을 의미한다. 중국이 중동·아프리카를 넘어 중남미까지 영향력을 확장했고 이는 미국의 이익에 반한다는 논리다. 트럼프 취임 초기의 '파나마 운하 탈환'도 같은 맥락에서 나왔다.

   동맹이라는 거짓말

를 실행하는 단계로 나아간다면 서반구(아메리카 대륙) 전체를 자신의 마당으로 여기고 언제든 위협적으로 개입(아르헨티나, 온두라스 선거 개입), 착취(파나마 운하 '탈환' 위협)하는 것은 물론 심각한 충돌(베네수엘라 선박 폭격, 유조선 봉쇄)로까지 이어질 수 있다[2026년 1월 이 책을 정리하는 가운데 급기야 트럼프 정부는 베네수엘라를 불법적으로 침공하고 대통령 니콜라스 마두로와 그의 아내를 체포(사실상 납치)해서 뉴욕으로 이송했다. 곧이어 그린란드 공격 가능성까지 언급한다. 세계 모두는 각자의 이유로 충격받았다)].[10]

지정학적 불안정성 논의에서 푸틴이 빠질 수는 없을 것이다. 잇단 전쟁을 통해 자신의 정치적 정당성을 설파하고 권력을 공고히 해온 그는 트럼프의 폭주에 힘입어(?) 또 다른 공격처를 찾아 나설 수도 있다. 약 70년간 비동맹 기조를 유지했던 핀란드, 200년 이상 군사적 중립을 유지했던 스웨덴이 급기야 북대서양조약기구(NATO, 이하 나토)에 가입하게 된 배경에는 러시아에 대한 공포가 있다. 더 나아가 미국을 더 이상 신뢰하기 어려운 일부 국가들(폴란드, 발트 3국 등 인접 국가)은 우크라이나 전쟁 이후 국방력을 강화하고 있다.[11]

---

10 2026년 1월 3일 토요일 새벽 2시경, 미국은 베네수엘라를 긴급히 공격하고 대통령 니콜라스 마두로와 그의 아내를 생포해 뉴욕으로 이송했다. 하루 뒤인 1월 4일 일요일 오전, 북한은 동해상으로 탄도미사일을 발사했다. 미국의 베네수엘라 공습 직후, 이재명의 방중 직전 이뤄진 무력 시위다.

11 "US to cut some security funds for countries bordering Russia, sources say", Reuters, 2025.9. 5. : 〈파이낸셜타임스〉, 로이터통신 등은 미국이 러시아 국경 인근 유럽 국가들(에스토니아, 라트비아, 리투아니아)에 대한 일부 안보 지원을 단계적으로 중단할 계획이라고 보도했다. 미 의회는 국방부 산하 지원 계획에 대한 자금을 승인했으나, 2026년 9월 말까지만 유효하다. 트럼프 행정부가 해외 원조를 대폭 삭감하고 유럽 국가들에게 자국 군사비 부담을 늘리도록 압박하고 있는 가운데 나온 소식이다.

　〈이코노미스트〉는 세 번째 경제 영역에서 2026년은 인공지능의 실체와 관세전쟁의 실질적 영향 그리고 글로벌 공급망 재편 등을 보다 명확하게 파악할 수 있을 것이라고 전망했다.

　저명한 정치학자 존 미어샤이머(John Mearsheimer)는 2026년 베네수엘라 공격에 대해 "쇠퇴하는 제국의 절박한 행위"라 규정했다. 패권국이라면 군사적 옵션보다는 외교적·경제적 힘을 쓸 수 있었다는 것이다. 미어샤이머는 이 사건을 "다극 환경 속에서 기존 초강대국과 신흥 초강대국 간의 첫 대리전장(proxy battlefield)"이라고 평가한다.[12] 트럼프가 '귀찮은 국제법'을 대놓고 내다버린 상황, 전쟁은 훨씬 쉬워졌고 이 상황을 즐기는 사람은 바로 시진핑과 푸틴과 같은 사람들이다. 이들은 공식적으로 베네수엘라 공격을 비난했지만 사실은 표정 관리를 하고 있을 것이다. 트럼프에 베네수엘라가 있다면 시진핑에게는 대만, 푸틴에게는 우크라이나가 있다. 역사적으로나 지리적으로 훨씬 더 가까이에.

카오스 이론(Теория хаоса/Theory of Chaos)

　러시아의 세계관과 외교정책을 노골적으로 설파해 온 〈발다이 클럽〉[13] 전문가들이 지난 수년간 즐겨 찾는 대외 정책은 '카오스 이론(혼돈 이론, Theory of Chaos)'이다.[14] 발다이 전문가들에 따르면, 국

12　Ritu Raj Subedi, "Is Gunboat Diplomacy Back?", The Rising Nepal, 2026.1.11.

13　〈발다이 클럽(Valdai Discussion Club)〉은 2004년 러시아 발다이 호수에서 처음 개최된 국제 정책 포럼이다. 다양한 민관 전문가들이 참석하지만, 사실상 러시아 정부의 체제와 이론을 설파하는 포럼으로 유명하다. 러시아의 속내를 알 수 있는 포럼으로서, 푸틴 대통령이 거의 매년 직접 참석해 연설하는 것으로도 유명하다.

14　Anton Barbashin, "What is Russia's Foreign Policy Strategy? The Answer is Simple — Chaos", Meduza, 2025.11.30.

　　　　　　　　　　　　　　　　　　　　　　동맹이라는 거짓말

제 관계의 혼란은 익숙한 중심축이 붕괴된 뒤 안정적인 동맹·제
도·규범 체계가 새로 형성되지 않은 시기에 나타나는 불가피한 단
계다(앞서 1930년대를 관찰한 그람시의 말과 일치한다). 이들은 새로운 양
극 체제는 결국 실현되지 못했고, 다극 체제 역시 아직까지 통용되
는 게임의 규칙을 만들어내지 못했다는 의미에서 '극이 없는 세계'
라고 주장한다. 다시 말하면 무극화다. 마치 만인의 만인에 대한 투
쟁처럼 보인다.

이들이 선호하는 카오스 이론에는 몇 가지 명제(가정)들이 있다.
첫 번째 명제는 '과거의 세계는 되돌릴 수 없다'는 것이다. 구질서
를 유지하려는 자들, 특히 서방 국가들은 결국 자신들의 노력이 헛
되었음을 인정할 수밖에 없다고 주장한다. 두 번째 명제는 '카오스
는 원천적으로 통제 불가능'하다는 것이다. 세계는 이미 움직이기
시작했고 변덕스러움, 유동성, 상황성(situationality)이 세계를 규정
하는 특성이 됐다. 세 번째 명제는 '각자도생'이다. '우리 대 그들'이
라는 경직된 도식은 사라지고 필요에 따라 언제든 파트너를 빠르게
바꿀 수 있다. 이들이 주장하는 네 번째 명제는 '보편주의와 정의의
사망'이다. 카오스 이론에 따르면 파트너는 늘 유동적이며 정의도
동맹도 존재하지 않는다.

정확히 이 맥락에서 러시아는 필요하다면 북한과도 가까워지
고 또 필요하다면 이란과도 멀어질 수 있다. 따라서 이들에게 우크
라이나 침공은 그저 자연스러운 사건 혹은 필연적 귀결일 뿐이다.
2022년 6월 푸틴이 "다극적 국제관계 체제가 형성되고 있다. 이는
되돌릴 수 없는 과정이며 우리 눈앞에서 벌어지고 있다"고 말한 배

경이다. 카오스 이론은 매우 러시아스럽다(?). 날것 그대로다. 고급스러운 위선을 벗었다.

그런데 과연 이런 피비린내 나는 논리가 러시아만의 것일까? 현재 트럼프 정부가 벌이고 있는 일들 즉 베네수엘라 공습, 파나마 탈환 위협, 이란 공습, 동맹 모욕하기 등을 상기하자. 급기야 그린란드(나토 회원국인 덴마크의 자치령) 공격 가능성까지 언급했다. 심지어 1월 17일에는 그린란드 병합 의사에 반발하는 유럽 8개국을 상대로, 2026년 2월부터 대미 관세 10%(6월부터 25%)를 부과하겠다고 발표했다(다만 트럼프의 정책은 자주 바뀐다는 점을 기억하자. 예상대로 4일 뒤인 1월 21일 유럽 8개국 관세 조치를 철회한다).

세계대전 이후 굳건해 보였던 동맹, 심지어 동구권 해체 이후에도 자리를 지키고 있었던 나토마저 흔들리고 있다. 이미 각자도생의 세계는 시작됐다. 단극 체제의 끝, 트럼프의 기묘한 하이브리드 외교정책, 중국의 부상과 푸틴의 욕망까지. 이제 기존의 전략과 전술, 질서와 규범, 외교정책으로는 온전히 생존하기 어렵다. 방법을 찾아야 한다.

전쟁은 구조에서 발생한다

전쟁은 푸틴의 우크라이나 공격처럼 전략적으로 계산된 상황에서 발생하기도 하지만 정치 리더 성향, 심리적 변수, 실수까지 다양한 요인으로도 발생한다. 또한 굳이 전쟁의 의도가 없더라도 우발적인 사건들이 전쟁으로 번지는 사례도 있다. 왜 미사일 공격이 시작됐는지조차 모르는 상황, 그래서 어떻게 대응해야 하는지 고민하는 피 말리는 상황은 넷플릭스 영화 〈하우스 오브 다이너마이트〉 (2025)에 자세히 묘사돼 있다.

2023년 12월, 김정은은 '적대적인 두 개의 국가'를 선언했다. 물론 김정은이 말한 적대적 두 국가의 속내는 남한을 공격하겠다는 의도라기보다는 서로 신경 쓰지도, 간섭하지도 말자는 맥락으로 읽힌다. 앞서 2022년 8월, 김정은의 동생 김여정 노동당 부부장은 담화를 통해 "우린 윤석열 그 인간 자체가 싫다"며 "오늘은 담대한 구상을 운운하고 내일은 북침 전쟁 연습을 강행하는 파렴치한이 다름 아닌 윤석열 그 위인이다. 제발 좀 서로 의식하지 말며 살았으면 하는 게 간절한 소원"이라고 했다. 제발 좀 서로 의식하지 말자는 문장에는 그들의 두려움이 숨어 있다. 사실상 남한의 공격 가능성에 공포를 느낀다는 의미다. 실제 북한은 윤석열의 내심(2024년 10월부터 윤석열 정부의 군은 평양 인근 지역에 드론을 여러 차례 진입시켰다)을 파악했는지, 2024년 4월부터 비무장지대 북측 지역에 대전차 장애물로 추정되는 방벽과 철조망을 설치하고 지뢰를 매설했다. 경계 시야 확보를 위해 수풀을 제거하는 '불모지 작업'도 함께 벌였다. 합참은 "대전차 방벽 추정 건조물 설치 등은 예전에 없던 새로운 움직임"이라고 밝혔다. 당시 북한은 군사 분계선 북쪽 2km지점 네 곳에 모두 10km 길이의 대전차 방벽을 만들었고 방벽 높이는 무려 4~5m에 달하는 것으로 전해졌다. 한반도 유사시 전차부대 기동로에 방벽을 설치한 것은 '남한의 공격'에 대비하겠다는 의도로 읽힌다.[15] 이처

---

15 권혁철, "북 남쪽 탱크 부침 걱정에⋯", 한겨레, 2025.12.19.

럼 남과 북은 어느 한쪽이 위험한 생각을 하게 되면 황당하리만큼 쉽게 전쟁으로 치달을 수 있다.

정권에 따라 언제든 위기에 휘말릴 수 있는 상황(정치적 의도), 남북 대치라는 구조적 상황에서의 각종 돌발 변수(개인 실수 또는 조기경보 오인 등), 그리고 작은 말싸움이 무시무시한 전쟁으로 번질 가능성 등을 감안하면 곳곳이 시한폭탄이다. 이런 상황에서 미국의 핵우산만 기다리고 있을 수는 없다. 자주 국방이 더 이상 정치적 구호일 수 없다는 뜻이다.

북한이라는 직접적인 위협에 더해 불행하게도 양안(중국과 대만) 문제 역시 멀리 있지 않다. 시진핑은 2026년 신년사에서 대만의 통일 의지를 재차 밝혔다. 앞서 2025년 대만 광복 기념일을 지정한 시진핑은 "양안 동포의 피는 물보다 진하며, 조국 통일이라는 역사의 대세를 막을 수 없다"고 강조했다. 시진핑은 2020년대 들어 보다 분명하고 공격적인 표현으로 대만 문제를 언급하고 있다.

그렇다면 가정해보자. 언젠가 중국이 대만과의 통일을 무력으로 시도한다면? 미국은 한국에 무엇을 요구할 것인가. 한국이 미국의 압박으로 인해 대만을 후방 지원한다면? 그렇다면 중국은 혹은 중국의 압박을 받게 될 북한은 팔짱만 끼고 지켜볼 것인가? 중국이 대만을 공격할 때, 이를 기회로 본 북한이 1950년 6월과 같은 마음을 먹게 된다면 어떤 상황이 벌어지는 것일까? 남북 무력 충돌, 양안 문제 등 최악의 지정학적 문제들에 대비한 시나리오는 준비가 돼 있을까? 전쟁은 의도보다 구조에서 발생한다.

제1차 세계대전을 관찰한 크리스토퍼 클라크(Christopher Clark)

                                          동맹이라는 거짓말

는 유명한 저서《몽유병자들》[16]에서 "1914년의 주역들은 마치 몽유병자들처럼 자신들이 초래할 공포의 실체에 대해서는 눈먼 채로 보지 못했다"고 기술한다. '마치 잠결에 걷는 이들처럼 파멸을 향해 한 걸음씩 내디뎠다'는 표현을 통해 참혹한 전쟁이 얼마나 어이없게 시작됐는지를 묘사하고 있다. 유엔 사무총장 안토니우 구테흐스(António Guterres)의 특사 자격으로 2017년 평양을 방문한 제프리 펠트먼(Jeffrey Feltman) 사무차장(미국 고위외교관 출신)이 당시 외무상 리용호에게 이 책을 선물한 이유이기도 하다.[17]

전쟁은 미국-중국-러시아처럼 강대국 간에만 일어나지 않는다. 대리전도 다반사다. 트럼프 정부의 베네수엘라 공격이, 일대일로(一帶一路) 등을 통해 중남미 지역에 영향력을 확대해 온 중국에 대한 경고라는 해석은 어렵지 않다. 남-북간 충돌, 중국-대만 유사 상황 그리고 이 같은 변수로 인해 중국-대만-한국-미국으로 번져갈 다양한 형태의 전쟁은 상상 가능하다. 몽유병 환자들처럼 전쟁으로 미끄러져 들어가는 것을 미리 막기 위해서는 안정적인 국제환경 조성이 가장 중요하다.

노르웨이 출신의 저명한 학자 오드 아르네 베스타(Odd Arne

---

16 크리스토퍼 클라크,《몽유병자들: 1914년 유럽은 어떻게 전쟁에 이르게 되었는가(The Sleepwalkers: How Europe Went to War in 1914)》, 이재만 옮김, 책과함께, 2019.

17 David Ignatius, "What North Korea told a U.N. envoy trying to prevent war", The Washington Post, 2017.12.19.
2017년 한 해는 김정은과 트럼프 사이 '화염과 분노' 등 거친 말싸움으로 위기의 연속이었다. 이 긴장된 분위기 속에서 제프리 펠트먼 정치담당 사무차장(전 미국 외교관)은 유엔 사무총장 특사 자격으로 12월 5일 평양을 방문해, '북측에 남북 대화 재개와 2018 평창동계올림픽 참가를 제안했다'고 밝혔다. 효과가 있었던 것일까? 〈노동신문〉에 따르면, 약 12일 뒤 김정은은 군수공업대회 폐막 연설에서 "국가 핵무력 완성의 역사적 대업을 실현했다"고 말했다. 같은 날 자성남 유엔 주재 북한 대사는 일본 언론과 만나 "조건이 갖춰지면 미국과 대화할 수 있을 것"이라고 밝히기도 했다.

Westad)는 "1세기 전 상황과 마찬가지로 심오한 구조적 요인들이 적대감을 부채질한다. 경제적 경쟁, 지정학적 두려움, 깊은 불신은 갈등을 증폭시킨다. 그러나 구조가 운명은 아니다. 지도자들의 결정은 전쟁을 막고 강대국 경쟁에서 필연적으로 발생하는 긴장을 더 잘 관리할 수 있다… 재앙이 닥치려면 인간적 탐욕과 어처구니없는 무능이 어마어마한 규모로 작용해야 한다"고 지적한다.[18]

불필요한 주변국 자극으로 자신들의 정치적 이득을 얻으려는 정치세력부터 제거해야 한다. 더불어 현명한 지도자, 정보를 식별할 줄 아는 유능한 국민이 필요하다. 얼마의 비용이 들어가든 '평화가 가장 싸다'. 우크라이나 전쟁이 말해준다. 평화는 희망하는 것이 아니라 준비하는 것이다. 무엇보다 미국의 역할을 대폭 축소시킨 상황을 가정하고 한국만의 절박한 시나리오를 짜야 한다.

변화, 변수, 생존 전략

앞서 언급한 모든 변화와 변수는 대한민국의 미래와 직결되는 일들이다. 향후 최소 10년을 관통하는 단어는 '각자도생'일 것이다. 과거 냉전 시기는 공산-자유 진영 블록 중 어느 한 쪽을 선택하면 되는 마음 편한 단순 구도였다. 하지만 지금은 미국이 이탈하는 가운데 중국 및 여러 중견국들과의 협력 및 경쟁을 병렬적으로 진행해야 한다. 질서가 바뀌었다면 해법도 달라야 한다. 그렇다면 한국은 어떤 생존 전략을 갖고 있을까. 안보·경제라는 오래된 숙

---

18 Odd Arne Westad, "Sleepwalking Toward War: Will America and China Heed the Warnings of Twentieth-Century Catastrophe?", Foreign Affairs, 2024.6.13.

    동맹이라는 거짓말

제와 공급망·인공지능 경쟁 등 새로운 과제를 동시에 풀어야 하는 시기에 핵심 키워드는 안보, 필수불가결한 기술 확보, 공급망 다변화다.

주권 국가의 핵심은 무엇보다 안보다.[19] 스스로 영토적·정치적 주권을 지킬 수 있는 힘을 길러야 한다. 트럼프는 이미 동맹을 확실히 버렸고, 이전 오바마·바이든 정부도 '각자의 안보를 책임지라'는 맥락에서 크게 다를 바가 없었다. 오바마 정부부터 본격화된 '대중 견제 정책' 속에서 유럽 및 중동 지역에 흩어져 있던 미국의 외교·군사 자원을 아시아·태평양 지역에 집중시키는 동시에 한국, 일본 등 동맹들에 '중국 견제를 위해 좀 더 많은 것을 희생하라'고 압박해 왔다. 트럼프는 강도 높게 솔직해졌을 뿐이다. 한국전쟁 이후 안보는 미국에 절대적으로 의존해 왔지만 각자도생의 시대에 더 이상 맞지 않는 옷이 됐다. 트럼프의 거래 중심 외교, 동맹에 대한 비용과 편익 계산은 '미국이 언제든 떠날 수 있다'는 말의 다른 표현이다. 그동안 미국의 진심(?)을 의심하는 수준이었다면 이제는 오히려 불확실성이 해소된 형국이다. 미국은 언제든 한국을 버릴 수 있다. 노무현 정부 당시 '자주 국방'이 주로 정치적 맥락으로 해석됐다면, 2020년대 중반을 관통하는 지금의 자주 국방은 현실 문제다. 자주 국방은 미국이 떠난 자리를 메우는 수준으로만 고려할 것이 아니라, 한 발 더 나아가 레버리지 확보 측면에서도 고려해야 한

19　주권 국가의 현대적 개념은 1648년 베스트팔렌 조약(Peace of Westphalia)에서 시작됐다. 이 조약은 '30년 전쟁'을 종식하며 중세적 구질서를 끝내고 오늘날 우리가 당연하게 여기는 '주권 국가'의 틀을 만들었다. 베스트팔렌 조약이 규정하는 주권 국가의 3대 핵심 원칙은 '영토적 주권, 상호 불간섭, 법적 평등'이다.

다. 미국은 (중국 견제를 위해) 강력한 한국을 원한다.

혼돈의 세상, 각자 살아남아야 하는 국제질서에서 스스로 억제력을 키우는 것은 당연한 일이다. 지난 몇 년간 우크라이나를 보면 군사력이 얼마나 중요한지 설명이 필요 없다. 가치나 명분 이전에 살아남는 것이 중요하다. 좀 더 주목해야 할 점은 현재 전쟁으로 인한 사망자보다 폭증한 이민으로 인해 인구 소멸 단계에 이르렀다는 분석이다. 인구 소멸은 곧 국가 소멸을 의미한다. 남성들은 전쟁에서 죽고 여성들은 살아남기 위해 아이들과 도망쳤다. 전쟁이 끝나도 돌아오는 사람보다 나가는 사람들이 훨씬 많을 것이다.

한편, 국제질서와 안보 환경의 변화라는 맥락에서 미국조차 전략을 수정해 왔다. 나토와 같은 거대한 안보협력체가 아닌 지역별 맞춤형, 즉 격자식(latticework) 안보 시스템으로[20] 쿼드(Quad), 오커스(AUKUS)와 같은 소다자 협력의 틀을 확장해 왔다. 기존 안보 구조가 '허브 앤드 스포크(hub and spoke)'였다면[21] 이제는 미국뿐만 아니라 다른 지역별 동맹국들끼리 촘촘한 그물망(lattice)을 형성하는 구조다. 중국을 견제하는, 이란을 견제하는, 혹은 러시아를 견제하는 방식의 맞춤형 안보 협의체는 더욱 활발해질 것이다. 한국도 우리 환경에 맞는 안보전략을 대폭 수정해야 한다.

---

20 소다자주의(minilateralism)를 바탕으로 한 격자형 안보 구도는 바이든 행정부 출범 초기부터 본격화됐다. 2022년 2월 미국 〈인도-태평양 전략〉 보고서에서 'latticework'라는 표현이 공식적으로 사용됐다. 2023년 한미일 캠프 데이비드 협정, 2024년 미·일·필리핀 첫 3국 정상회의 등도 이런 맥락에서 이뤄졌다.

21 자전거 바퀴처럼 미국(허브)이 중심에 있으며, 한국·일본·필리핀 등 동맹국(스포크)이 미국과 각각 1 대 1로 연결된 구조.

  동맹이라는 거짓말

이제는 안보와 경제가 결합돼 경제안보라는 말을 흔히 쓴다. 첨단기술, 인공지능, 공급망이 안보만큼이나 중요해졌다. 생존 다음, 삶의 단계다.

다행히 한국은 뛰어난 기술을 갖고 있다. 100원짜리 머리핀부터 수백억 원을 호가하는 K9자주포[22]까지 모든 것을 만들거나, 만들 수 있는 국가는 생각보다 흔치 않다. 무엇보다 반도체, 배터리, 자동차, 원전, 조선 등 첨단 산업 분야에서 높은 역량을 보유하고 있고, 특히 전쟁의 압력이 곳곳에서 높아지면서 한국 방산도 세계적으로 주목받고 있다. 이러한 항목들은 미-중 양쪽에서 탐내는 (혹은 경계하는) 리스트라는 점이 중요하다. 국가 경쟁력을 좌우할 인공지능과 관련해 글로벌 기업 대표들이 한국을 잇달아 찾는 이유도 바로 이러한 기술과 잠재력 때문이다. 첨단 기술은 생존력을 키울 수 있는 중요한 산업 무기이자 이제는 경제안보, 외교 개념으로까지 확장된 강력한 협상 카드가 되고 있다. 한국만이 갖고 있는 잠재력을 최대한 활용해 공급망 한가운데 위치시키는 것, 대체 불가능한 기술을 확보하는 것이 핵심이다.

자체 기술도 중요하지만 이 기술을 유지·발전하기 위해서 반드시 필요한 것이 안정적인 공급망 확보다. 특히 자원이 없는 한국의 경우 어느 한 곳에 일방적으로 의존하는 방식은 위험하다. 상식이다. 이미 이런 상황을 인지하고 여러 정부에 걸쳐 다변화 노력을 기

---

22 한국군에 납품되는 내수 가격은 대당 약 40억~50억 원 수준으로 알려져 있으며, 국가별로 구성품(부품·교육·정비 패키지 등)에 차이가 있는 수출 가격은 최근 사례 기준으로 대당 약 140억~200억 원(1,000만~1,400만 달러) 수준이다.

울인 지 꽤 시간이 흘렀지만 여전히 부족하다. 중국이 현재 트럼프의 관세 전쟁에 맞대응할 수 있는 이유는 트럼프 1기 무역전쟁 이후 수출입 리스트를 작성하고 '미국 없는 세상'이라는 시나리오를 만들었기 때문이다.

한국은 이미 안 좋은 기억이 많다. 일례로 2019년 강제징용 배상 문제 등으로 한-일이 충돌했을 당시 일본은 화이트리스트에서 한국을 제외시켰다. 소재·부품·장비(일명 '소부장') 공급망이 막히면서 우리 기업들이 큰 어려움을 겪었다. 2016년 사드 사태 당시, 중국이 일방적인 보복을 가했을 때 공급망 확보와 사업 다변화 등이 얼마나 중요한지 뼈저리게 실감했다. 중국에서 배울 것이 있다면 이런 준비에 들이는 노력이다. 우리도 모든 수출입·공급망 구조에서 디리스킹(de-risking) 전략을 보다 정교하게 짜야 한다.

2026년에도 공급망 문제는 계속되고 있다. 미-중 간 관세 전쟁 휴전으로 한숨 돌리는가 싶었지만, 일본 다카이치 사나에 총리의 '대만 유사시 개입' 발언(2025.11)으로 중-일 관계가 급속도로 냉각됐다. 중국은 급기야 '최종병기'라 불리는 희토류 수출 금지로 보복했다.[23] 문제는 이 같은 중-일 갈등이 강 건너 불구경할 일이 아니라는 점이다. 중국의 이번 조치는 '중국(원소재) → 일본(가공소재) → 한국(완제품)'으로 이어지는 공급망 구조에 영향을 미치며, 결국 일

---

23 중국은 2026년 1월 6일 '이중용도 물자'의 일본 수출을 금지한다고 밝혔다(즉각 시행). 중국 상무부는 "일본 군사 사용자와 군사 용도, 일본 군사력 제고에 도움이 되는 최종 사용자 용도의 모든 이중용도 물자 수출을 금지한다"고 발표했다. 또한, 다른 국가와 지역의 조직·개인이 중국의 조치를 위반해 중국이 원산지인 이중용도 물자를 일본의 조직·개인에 이전·제공하면 법적 책임을 추궁하겠다며 '세컨더리 보이콧(secondary boycott, 2차 제재)' 방침도 밝혔다.

    동맹이라는 거짓말

본 내 생산 차질이 생길 경우 한국의 산업 전반에도 영향을 줄 수
있다. 유사한 상황은 언제든 반복될 수 있다.

차례

시작하며　　세계의 파열　　4

1장. 　30년 단극 시대의 종말

망각의 대가　　33
트럼프가 의미하는 것: 균열의 결과　　37
시진핑이 의미하는 것: '전랑(戰狼) 외교'　　56
푸틴이 의미하는 것: 카오스 이론　　71
미-중 신냉전?　　92

2장. 　스트롱맨 전성시대

트럼프 우선주의　　113
자유주의 대 현실주의　　117
양극 체제 대 다극 체제　　132

3장. 　다시 불붙은 한반도

북-중-러 회동이 의미하는 것　　143
북-중 관계: 혈맹인가, 전략적 거래인가　　149
북-러 밀착: 무기와 자원 그리고 반미 공조　　157
중-러: 불행은 나눠도 행복은 나누지 않는　　166
북한과 핵: 포기할 수 없는 안전장치　　180

4장.　대한민국 생존 전략

게임의 룰, 안보　　199
한국을 원하게 하라　　207
전략적 모호성에서 전략적 자율성으로　　224

마치며　지정학의 피해자에서 협상 테이블의 승자로　　228

감사의 말　　233

1장

30년 단극 시대의 종말

"세계에서 가장 강력한 국가가 자신이 만든 질서를 파괴하기 시작했다. 적대적인 수정주의 세력이 실제 나타나긴 했지만, (다름 아닌) 자유세계 심장부인 미국 대통령 집무실에 앉아 있다. 고대와 현대를 통틀어 강대국이 구축한 질서가 나타났다가 사라지곤 했지만 대개는 타살로 끝났다. 자살이 아니라(The world's most powerful state has begun to sabotage the order it created. A hostile revisionist power has indeed arrived on the scene, but it sits in the Oval Office, the beating heart of the free world. Across ancient and modern eras, orders built by great powers have come and gone — but they have usually ended in murder, not suicide)."

— 존 아이켄베리(2017.4.17)[24]

"중국은 중국의 최선의 이익에 부합하는 일을 할 것이고, 러시아는 러시아의 최선의 이익에 부합하는 일을 할 것이며, 미국은 미국의 최선의 이익에 부합하는 일을 할 것이다."

— 마크 루비오 국무장관(2025.1.30)[25]

24 G. John Ikenberry, "The Plot Against American Foreign Policy: Can the Liberal Order Survive?" Foreign Affairs, 2017.4.17.
25 마코 루비오 장관, 메긴 켈리와 인터뷰. 2025.1.30.

망각의 대가

시간은 고통을 잊게 한다. 시간은 약이다. 고통과 트라우마가 지나간 자리에 종종 망각이 자리 잡는다. 망각은 고통의 원인을 잊게 하고 고통의 참혹함을 지워버린다. 1945년 세계대전 종전 이후 80여 년이 흘렀다. 길거리에 시체들이 널려 있던 그 '흔한 일상'을 경험했던 사람은 이제 거의 사라졌고 동시에 참혹한 기억도 흐려졌다. 늘 그렇듯 경험하지 못한 과거와 무뎌진 기억은 이성과 야만의 진자를 오가는 인류에 치명적이다. 근래 세계 곳곳에서 발생하는 크고 작은 사건을 바라보며 서늘한 공포감을 느낀다. 아… 다시 야만의 시대가 도래하는가!

이른바 '100년의 평화(Century of Peace, 1815~1914)'[26] 시기를 지나 1914년 제1차 세계대전이라는 비극이 벌어졌다. 20년의 전간기를 거쳐 다시 제2차 세계대전이 발발했다. 멀미나는 역사의 진자였다. 두 차례에 걸친 세계대전 사망자만 각각 1,500만 명, 5,600만 명가량으로 추정되며 더 많은 사람들이 기근이나 질병 등으로 죽거나 다쳤다. 인간을 동물과 구별한다는 이성과 합리는 신화였던가. 잇단 전쟁은 인간의 본능, 비이성과 불합리, 자기 파괴를 재확인하는 시간이었고 홀로코스트와 일본의 대학살극, 인체실험 등은 야만의 극단을 시험했다.

---

26 '100년 평화'는 1815년 나폴레옹 전쟁 종전부터 1914년 제1차 세계대전 발발 전까지 약 100년간 지속된 상대적 평화의 시기를 의미한다. 강대국 간 협조 체제를 구축한 1815년 빈 회의(Congress of Vienna) 이후 유럽의 안정과 번영을 누렸던 시기를 지칭하기도 한다.

전후 국제사회는 이른바 자유주의-공산주의 진영이라는 극단적 이분법으로 양분됐고, 이데올로기와 체제 경쟁으로 약 45년을 보냈다. 영국에 이어 세계 최고 권력 자리를 이어받은 미국은 말 그대로 초강대국으로 성장했고 '미국 주연, 서유럽 조연'인 한 팀이 되어 자유국제주의라는 질서를 형성해 왔다. 인류 스스로를 파괴하는 전쟁을 방지하고 인간답게 생존하기 위한 '상상'과 제도적 노력의 산물들이었다. 유엔, 나토, 세계은행(World Bank), 국제통화기금(International Monetary Fund, IMF), 관세 및 무역에 관한 일반협정[General Agreement on Tariffs and Trade, GATT. 이후 세계무역기구(WTO)로 발전했다] 등은 그 결과물이라고 할 수 있다.

동구권이 해체되자 '적이 사라진' 1990년대가 열렸고 인류 역사에서 보기 힘든 단극 체제가 시작됐다. 지난 80여 년간 국제사회는 미국이 설계하고 이끈 일종의 자유주의 실험의 장처럼 보였다. 무질서(anarchy)한 국제 관계에 규칙과 규범, 법과 제도를 도입해 질서를 부여하려 했던 안간힘이기도 했다. 세상사를 제로섬(zero-sum)으로 바라보는 경향의 현실주의와 달리, 포지티브섬(positive-sum)으로 바라보며 나름의 질서를 구축하려는 사람들에게서는 최소한 인간의 냄새가 났다(물론 자유주의자들은 자유주의가 결코 낭만도 이상주의도 아닌, 그저 생존을 위한 매우 현실적인 대안이라고 강조한다). 1990년대 동구권이 해체되고 '적'이 사라진 시기가 찾아오자 인류 역사에서 보기 힘든 단극 체제가 시작된다.

"미군이 이끄는 연합 함대가 80년 전 일본의 항복을 받아들이기 위해 도쿄만에 들어갔을 때는, 히로시마에서 단 한 번의 폭격으로 약 7만 명을 죽음에 이르게 한 원자폭탄 투하 이후 불과 27일 후였다. 6,000만 명의 살육에 책임이 있는 히틀러가 스스로 목숨을 끊은 지 125일 후의 일이기도 했다. 또한 인간이 얼마나 잔혹해질 수 있는지를 보여주는 해골 같은 생존자들이 증언했던 아우슈비츠를, 붉은 군대가 해방한 지 218일 후였다. 그 교훈은 많은 미국인들에게 자명해 보였다. 고립주의, 민족주의, 권위주의는 재앙을 초래한다. 반면 동맹, 자유무역, 민주주의만이 앞으로 나아갈 길이다. 그리고 미국이 그 선두에 서야 한다. 몇 가지 타격에도 불구하고 이러한 합의는 — 적어도 정책 입안자들 사이에서는 — 거의 80년 동안 대체로 유지되었다. 하지만 도널드 트럼프의 대통령 임기는 미국의 이익만을 집요하게 추구함으로써, 그 합의의 종말을 예고하는 신호일지도 모른다."[27]

〈워싱턴포스트〉의 지적대로 트럼프는 80년 질서의 종말을 의미한다. 21세기의 4분의 1 지점을 지나는 지금, 세상이 이전과는 다르게 변하고 있음을 직감하고 있다. 이제는 일반 명사가 된 듯한 트럼프의 등장은 이런 어지러운 세상의 (원인이 아니라) 결과일 뿐이다.[28] 트럼프의 첫 등장(2017.1~2021.1)은 그저 해프닝처럼 보였지만 두

---

27 Naftali Bendavid, "Eighty years after WWII's end, the consensus it forged is crumbling", The Washington Post, 2025.9.2.

28 Nolan McCarty, 《Polarization: What Everyone Needs to Know》, Oxford University Press, 2019.12.

번째 등장(2025.1 ~ 2029.1)은 다르다. 트럼프의 등장은 과거로의 회귀, 강대국 정치, 강압과 굴종이라는 힘의 논리, 불확실성, 빈번한 전쟁의 가능성을 의미한다. 미국 중심의 단극 체제는 이제 힘을 잃고 명백히 다극 체제로 변화하고 있다. 질문은 두 가지다. 이 원심력이 과연 어떠한 방향으로 나아갈지, 구체적으로 전후 인류가 시도해 온 자유주의적 실험(자유주의라는 프로젝트)이 끝나고 다시 '강대국 정치'로 회귀하는 것인지가 핵심 질문이다.

트럼프가 의미하는 것: 균열의 결과

2016년 11월 대선. 민주당 후보 힐러리 클린턴과 공화당 후보 도널드 트럼프의 대결은 농담처럼 보였다. 워싱턴의 아웃사이더이자 정치 초년생인 트럼프는 그저 우스꽝스러운 '금수저 부동산 부자'일 뿐이었다. 하지만 힐러리는 대중 투표에서 무려 285만 표가량을 더 많이 받았음에도 불구하고 특이한 선거제도(선거인단 제도)로 인해 패배하고 말았다. 대선에서 승리하자 트럼프 자신도 당황했다는 전언이 있다. 어찌됐든 2016년 대선의 의미는 '민주당 대 공화당' 구도라기보다는 '기득권 정치인(힐러리) 대 비정치인(트럼프)' 구도로 보였다. 트럼프는 어떻게 승리할 수 있었을까?

알려진 대로 트럼프는 백인·부자·남성을 상징하는 전형이지만 최소한 그의 말은 달랐다(말과 진심은 별개다). 그는 정치·경제·사회 등 영역을 불문하고 미국 시스템이 총체적으로 붕괴했다면서, 그 원인으로 워싱턴을 잠식한 정치인들의 카르텔과 부패, 무능을 지목했다. 트럼프 스스로 금수저에, 때로는 불법적인 방식까지 동원하며 어마어마한 부를 쌓은 기득권이었지만 '워싱턴 기득권'에 분노해 온 유권자들에게 트럼프의 이런 배경이나 정체성은 문제되지 않았다. 분노를 표출할 수만 있으면 됐다. 포퓰리즘은 그렇게 자라난다.

트럼프는 민주당은 물론 공화당까지도 공격 대상으로 삼으며 이들의 탐욕과 무능이 착하고 성실한 미국인의 삶을 피폐하게 만들고 있다고 유권자를 선동했다. 이른바 '러스트 벨트' 지역의 백

인·저학력·남성 노동자를 중심으로 한 많은 유권자가 격하게 환호
했고 트럼프는 금세 영웅으로 떠올랐다. 민주당에 표를 던지던 이
노동자 계층은 캐스팅보터가 돼서 트럼프를 백악관으로 밀어 넣었
다. 워싱턴의 지각변동이 시작된 순간이었다.

흥미로운 점은 2016년 대선을 계기로 '발견된' 이들의 존재와
이들이 느껴온 울분과 패배감, 박탈감은 사실 16년 전인 2000년
대선에서도 일부 확인됐다는 점이다.[29] 공화당 조지 W. 부시와 민
주당 앨 고어가 맞붙은 대선은 재개표라는 초유의 사태가 발생한
때이자, 대법원이 재개표를 중단시키며 부시에게 승리를 안긴 이
례적인 선거라는 점만 부각돼 있다. 하지만 당시 간과했던 유권자
표를 분석해 보니 백인·남성 노동자 상당수가 '노동자 편'으로 인
식되던 민주당이 아닌, 부자들의 정당 공화당 소속 부시 후보에
게 표를 던진 것으로 나타났다. 즉, 대학 교육을 받지 않고 부유하
지 않은 백인 남성 계층의 60% 이상(non-college educated and non-
affluent white men) 그리고 유사한 노동자 계층 여성 다수가 부시에
게 표를 던졌다.[30] 2016년 선거에서 비록 트럼프가 대중 투표에서
훨씬 뒤진 상황이었지만 그의 당선에는 충분한 토양이 있었다는
뜻이다.

트럼프 지지자들이 말하는 불만은 크게 두 가지 갈래다. 사회경
제적 상황 그리고 대외 정책이다. 1980년대부터 회자되던 세계화

---

29 Ronald Brownstein, "White Working Class Seen as Critical Bloc of Voters", Los Angeles
   Times, 2000. 8.20.

30 Andrew Levison, "Who Lost the Working Class?: A funny thing happened on the way to the
   election – here's what it portends", The Nation, 2001.5.14.

는[31] 1990년대 미국 중심 자유주의 질서로 빠르게 재편되면서 본격
화됐다. 이 같은 세계 분업 체계는 미국 노동자 계층에 서서히 좌절
을 안기기 시작했고 이들은 상대적 박탈감과 삶이 피폐해진 데 따
른 분노를 느끼기 시작한다. 동시에 민주당, 공화당을 불문한 정부
의 지나친 개입주의로 미군이 죽거나 다치는 것은 물론, 자신들이
낸 세금이 다른 나라 전쟁에 줄줄이 샌다는 분노가 쌓이기 시작했
다. 1960~1970년대 반전 운동을 야기했던 베트남 전쟁, 20여 년간
지속된 아프가니스탄 전쟁과 이라크 전쟁 등이 대표적이었다. 이들
은 지쳤다.

우리는 외면당했다: 얇아진 지갑

'관세 및 무역에 관한 협정(GATT)' 체제(이후 1996년부터 WTO 체제
로 전환)로 대변되는 세계화 과정에서 미국 경제, 특히 제조업은 서
서히 침식됐고 사회의 허리 역할을 했던 노동자들은 점차 실질 소
득도, 자존심도 떨어지는 상황에 직면했다. 경제를 튼튼히 지탱하
던 기업들이 해외로 이전되거나 매각되자 박탈감은 점차 고조됐다.
이른바 '세계화·자유화·탈규제'라는 미명하에 미국은 물론 전 세계
많은 국가에서 극심한 부의 편중과 실질소득 감소라는 부작용이 누
적되고 있었다.

제2차 세계대전 이후 경제 상황을 살펴보자. 표에 정리된 것처

---

31 1980년대 세계화(globalization)이라는 단어가 경제학·사회학·정치학 영역에서 점차 학술용
   어로 자리 잡았다. 냉전 종식(1989~1991) 후 1990년대 세계 질서가 재편되면서 이 용어는 주
   류 정치·언론 담론에서 폭발적으로 확산됐다. 토머스 프리드먼(Thomas Friedman)은 책《렉
   서스와 올리브나무(The Lexus and the Olive Tree)》(1999)에서 "세계화는 단순히 무역증가가
   아니라, 자본과 기술(정보혁명), 정보가 국경을 넘어 통합되는 거대한 운영체제"라고 주장했다.

미국 GDP가 세계 경제에서 차지하는 비중과 구매력 평가 기준(PPP)

연도	명목GDP 비중 (Nominal)	구매력 비중 (PPP)	주요 경제적 배경
1960	40.0%		전후 복구, 베이비붐 세대 소비가 이끈 황금기
1970	26~36.0%		독일과 일본의 급격한 추격 및 전후 복구 완료
1980	25.0%	21.0%	오일쇼크와 스태그플레이션, 고물가로 인한 비중 급감
1985	34.0%	22.4%	레이건노믹스, 강달러 현상으로 일시적 반등
1990	26.0%	22.4%	일본 경제 정점(거품 붕괴 직전)
2000	30.0%	19.8%	닷컴 버블, 하이테크 경제 정점
2010	22.5%	16.5%	글로벌 금융위기 직후 타격, 중국 급성장
2020	24.8%	15.6%	달러 가치 상승과 미국 빅테크의 성장
2024 (추정)	26.2%	14.8%	고금리 유지와 미국의 상대적 경제 견조함

럼 미국 GDP가 세계 경제에서 차지하는 비중은 1960년대 약 40%
→ 1970년대 약 30% → 1980년대 약 25% → 2000년대 30% →
2010년대 23% → 2020년대 24% → 2024년 26% 등으로 나타났다
[IMF의 '세계경제전망(World Economic Outlook)'이 구매력평가지수(PPP)를
산출하기 시작한 것은 1980년대 이후다].

양극화와 불평등이 더욱 심화되면서 1950~1970년대 대비
1980년 이후 미국의 경제지표는 꾸준히 악화됐고, 2000년대 이후

에는 심각한 수준으로 평가된다. 이런 배경에서 역대 행정부는 재구조화를 시도했다. 오바마 행정부의 리쇼어링(Reshoring), 1기 트럼프의 니어쇼어링(Near-shoring), 바이든의 프렌드쇼어링(Friend-shoring) 등이 그것이다.

일례로, 오바마 행정부는 세제 혜택과 규제 완화 등을 통해 해외로 이전했던 제조업 및 생산 시설을 본국으로 다시 가져오는 정책(리쇼어링)을 시도했다. 1기 트럼프 행정부의 니어쇼어링도 비슷한 맥락이었다. 생산 시설을 본국 혹은 지리적으로 가까운 국가(멕시코, 캐나다 등)로 이전하는 정책이자 중국 견제 전략이기도 했다. 트럼프와 대립점에 있었지만 바이든 행정부도 경제 정책은 일관성을 유지했고, 오히려 중국에 대해서는 더 강경하게 대응했다. 프렌드 쇼어링으로도 불린 바이든 정부의 정책 역시 우방국과 협력해 공급망을 구축하고 지정학적 리스크를 줄이려는 전략이었다. 궁극적으로 우방끼리 스크럼을 짜고 중국을 공급망에서 배제하고 중국에 대한 의존도를 대폭 축소하려는 방향이었다.

2016년 대선에서는 '러스트 벨트'로 불리던 소외된 노동자 계층의 목소리가 크게 부각됐다. 물적 기반이 무너지고 있는 위기감을 느껴온 백인-저학력-저소득 노동자 계층의 부상이었다. 그리고 2024년 대선 국면에서는 일론 머스크와 같은 일명 '테크 우파'와 문화 전쟁(이민 반대, 문화적 다양성 반대, 백인, 기독교 중심 등)으로까지 전선을 확대해 온 극단적 보수주의자들이 이중삼중 강력하게 결합하게 된다. 이들이 바로 현재의 '마가' 세력이다.

현재 2기 트럼프 행정부의 정책(이민, 무역, 문화, DEI, 교육) 뒤에는 이 세력이 광범위하게 포진해 있다. 이들은 이민자, 유색인종, 여성, 소수자 등을 공격하는 동시에 DEI(다양성, 형평성, 포용성)로 표현되는 정치적 올바름(PC)에 극도로 신경질적인 반응을 보이며 사보타주 정치에 시동을 걸었다. 초등학교 도서관 검열, 대학 교육 내용 및 외국인 학생 입학 선발 과정 등을 모두 문제 삼았다. 마치 민주당 혹은 진보 세력들이 추진해 온 모든 정치·사회문화 정책의 지문을 완전히 지워버리겠다는 태세다.

일반적으로 한 사회의 부가 양극화되고 경제적 어려움이 가중되면 정치·사회적 문제로 비화된다. 그리고 이럴 때마다 외부의 적 혹은 외부인에 그 책임을 돌리는 경향을 보인다. 내부 불만을 회피하기 위해 다른 나라와 전쟁(분쟁)을 벌이거나 내부에 있는 '외부인' 혹은 '소수자·약자'에게 비난을 돌리는 방식이다. 세계 곳곳의 극우 정치인들은 이를 영리하게 악용해 왔다.

대표적으로 2기 트럼프 정부 1년 차인 2025년 주요 매체의 헤드라인을 장식한 것은 이민자 추방 정책이었다. 트럼프가 대선에서 얻은 표에는 이민자들의 피가 묻어 있다. 트럼프와 부인인 멜라니아도 이민자 출신이지만 '이민자가 만든 미국 사회'를 부정하고 취임 직후 불법 이민자(사실상 핵심은 유색 인종)들을 표적 삼기 시작했다. '이민자들이 나의 일자리를 빼앗았고 내가 낸 세금으로 미국에서 편안하게 살고 있으며, 주택 임대료까지 올려놓았다'는 주장에 호응하는 조치였다. 전형적인 포퓰리즘이다. 불편한 진실은, 미국 경제의 상당 부분이 바로 이민자들 덕분에 유지돼 왔다는 점이다. 불법 이민자들은 미국인(백인)이 기피하는 일들을 최저임금을 받으면서 도맡았고 이들 덕분에 저렴한 가격에 집을 짓고 식료품을 구입하고 각종 서비스를 받을 수 있었다. 이런 사실을 모를 리 없지만 누군가에겐 항상 희생양이 필요한 법이다.

2016년과 2024년의 가장 큰 차이는 트럼프 지지자들이 대폭 늘었다는 점이다. 연임 실패 후 역사 속으로 사라지는 듯했던 트럼프는 2024년 세 번째 선거에 다시 뛰어들며 이민자들에 대한 지지자들의 분노를 재점화시켰고 7,252만 표(득표율 50.9%)를 얻으며 백악관을 차지했다. 2004년 이후 처음으로 공화당 후보로서 과반 이상 득표라는 기록까지 달성했다. 반면 이민, 인권, 민주주의, 소수자 권리 등 진보적 의제와 동맹의 중요성을 강조했던 민주당 카멀라 해리스 후보는 약 6,783만 표(득표율 47.6%)를 얻는 데 그쳤다.

〈뉴욕타임스〉 수석 정치분석가 네이트 콘(Nate Cohn)은 "트럼프 선거는 재편의 두 가지 특징을 지닌다. 양당 간 기본적 정치적 갈등을 변화시켰고 이에 상응하는 두 연합의 변화를 이끌었다. 이러한 변화는 사소한 것이 아니며 트럼프 개인의 힘 때문만도 아니다. 과거의 재편과 마찬가지로 이는 서구 민주주의 국가 전반에 걸쳐 발생하는 광범위한 정치적 변화의 일부로, 구 산업 정치 질서의 잔재가 새로운 무엇인가에 의해 대체되고 있다"고 분석했다. 그는 "국가마다 영국 노동당이나 프랑스 사회당 같은 구 산업 좌파 정당들은 이민, 무역, 국가 주권 같은 새로운 쟁점들에 힘입어 등장한 새로운 유형의 보수적 포퓰리즘에 노동계급 지지층을 빼앗기고 있다"고 진단했다.

노벨경제학상 수상자인 폴 크루그먼(Paul Krugman)은 2024년 대선 직후 〈뉴욕타임스〉 칼럼[32]에서 선거 결과를 개탄하며 트럼프의 대표 공약(높은 관세, 불법 이민자 추방)이 실제 이행될 경우 어떤 일이 벌어질지 설명한 바 있다. 불법 이민자들은 농업, 건설, 서비스업 등 각종 분야에서 미국인들이 기피하는 고강도·저임금 노동을 담당해 왔고 이들 덕분에 미국은 저렴한 가격으로 각종 상품과 서비스를 제공받는 동시에 인플레이션을 억제할 수 있었다고 설명한다. 크루그먼은 이민자 대거 추방이 현실화되면 (저임금) 노동력 부족 → 농산물 수확 지연, 건설 비용 증가, 서비스업 인건비 상승 → 물가상승(특히 식료품·주택 비용)으로 이어진다고 우려했다(그의 칼럼에서 왠지 비명이 들리는 듯하다). 특히 부통령 J.D 밴스 등 핵심 마가 세력의 주장, 즉 '이민자들이 몰려와 집값을 올린다'는 논리를 정면 반박하면서 실제로는 이민자 노동력 덕분에 저렴한 주택 공급이 가능했다고 강조한다. 그의 칼럼을 보자.

"지금 당신이 식료품 가격에 불만을 품고 있다면 트럼프가 농업 노동자들의 상당 부분을 겨냥했을 때 어떤 일이 벌어질지 생각해 보세요. 이민자들은 농업 노동자의 약 4분의 3을 차지하고, 이 중 약 절반은 미등록(undocumented) 이민자입니다. …미등록 이민자들은 식품 가공 분야에서도 큰 역할을 합니다. 예를 들어 육류 가공 노동자의 약 30~50%를 차지하는 것으로 추정됩니다. (집 가격이 문제라면) 해결책은 더 많은

32 Paul Krugman, "Why Trump's Deportations Will Drive Up Your Grocery Bill", 2024.11.11.

주택을 건설하는 거겠죠. 그러나 건설 노동력의 5분의 1 이
상이 서류 미비 이민자이기 때문에 이들의 추방은 주택 공급
확대 노력을 심각하게 저해할 겁니다."

"우리 세금을 왜 남들 전쟁에 낭비하나"

트럼프 지지자들에게 흔히 들을 수 있는 말은 "왜 내가 낸 세금
을 남의 나라 전쟁에 써야 하나?"이다. 더 이상 세계경찰 역할에 동
의할 수 없다는 것이다. 미국인 상당수는 실제 미국 영토 밖에서 벌
어지는 일(인권 유린, 반민주주의 등)에 관심을 끄고 이제는 미국의 이
익, 국내 이슈에 집중하자고 말한다. 사실 아메리카 퍼스트는 이들
의 불만을 압축해서 담아놓은 슬로건이다. 그렇다면 지난 30여 년
간 워싱턴 외교정책은 어떤 모습이었을까?

미국은 냉전 시기 자유진영의 형님이자 세계경찰 등을 자임하
며 국제 정치 서열의 가장 상층을 차지했다. 할리우드 영화를 화려
하게 장식했던 영웅들이 화면을 뚫고 현실에 나타난 형국이었다.
미국은 1991년 걸프 전쟁, 1992 보스니아 내전, 1999년 코소보 개
입 등 유엔 혹은 나토라는 다자기구를 통해 비교적 절차를 갖추고
문제를 해결하러 노력했다. 공산주의·권위주의에 맞선 자본주의·
자유주의의 완벽한 승리로 보였다. 후쿠야마(Francis Fukuyama)가
말한 '역사의 종말'처럼 보였다.[33]

하지만 2001년 발생한 9·11 테러는 많은 것을 바꿔놓았다.

---

33 후쿠야마는 1992년 저서 《역사의 종말과 최후의 인간(The End of History and the Last Man)》
에서 민주주의와 자유시장 경제가 승리했다고 주장한 바 있다.

1941년 12월 진주만 공습 이후 처음으로 본토가 공격당한 엄청난 사건이었다. 즉각 보복에 나선 미국 정부는 약 한 달 뒤인 10월 7일 주범인 알카에다 세력을 축출하기 위해 아프가니스탄을 공습했다. 20년 전쟁의 시작이었다.

당시 부시 행정부는 네오콘(신보수주의)이 장악하고 있었다. 이들은 세상을 제로섬으로 바라보는 현실주의에 기반하는 동시에 미국의 이익이 침해당하거나 (명분상) 민주주의, 인권, 기독교라는 가치 전파를 위해서라면 언제든 무력을 행사할 수 있다고 믿는 일종의 확신범들이었다.[34]

알카에다를 제거하겠다는 미국의 전쟁은 나름의 명분이 있었다. 뉴욕 한복판이 공격당했는데 가만히 앉아 있을 수는 없는 상황이었다. 문제는 2003년 이라크였다. 부시 정부의 이라크 침공은 명분 없는 전쟁으로 지금까지 거론된다. 유엔 안보리에서 합의가 되지 않자 부시 행정부는 영국 블레어 정부와 손잡고 전쟁을 개시한다. 부시를 비롯해서 콜린 파월 국무장관 등이 이라크 사담 후세인 정권의 대량살상무기(WMD)와 핵 개발 의혹을 제기하며 전쟁의 필요성을 역설했지만, 정작 문을 열자 아무것도 나오지 않았다.

이라크를 침공한 이유는 여전히 논쟁적이다. 알카에다 축출이라는 대의와는 별개로 중동 내 이라크가 차지하는 지정학적 중요성과 세력 균형 등을 감안하면 이 전쟁은 엄청난 파장을 일으키는 일

---

34 당시 대통령 부시를 뒤에서 조종한 것은 역대 가장 센 부통령이라 불렸던 딕 체니(Dick Cheney)였다. 체니 부통령은 2025년 11월 사망했다. 그를 집중 조명한 영화 〈바이스(vice)〉를 참고할 만하다.

동맹이라는 거짓말

이었다. 당시 중동을 쑥대밭으로 만든 배경에 대해 이라크 내 미국의 영향력 강화나 석유 이권, 방산업체의 로비 등 다양한 해석과 주장이 나왔다. 반면 불법적인 이라크 전쟁이 낳은 결과에 대해서는 이견이 없다. 미국 스스로가 국제적 위상을 현저하게 떨어뜨렸다는 것이다. 세계 최강국이라는 위치를 유지하고 존중받기 위해서는 경제력 및 군사력이라는 하드 파워도 중요하지만 이념·가치·문화 등을 통한 매력 즉 소프트 파워가 매우 중요하다. 하지만 미국은 명분 없는 전쟁으로 인해 소프트 파워를 스스로 위축시켰다. 이후 인권을 정면으로 유린하는 관타나모 구금과 고문 등 참혹한 실태가 알려지면서 그간 내세웠던 도덕성, 권위는 급격히 퇴색했다. 네오콘에 대한 반대 여론이 미국뿐 아니라 전 세계 곳곳에서 거세게 일었고, 2005년 중간 선거 결과는 부시 정부에 강력한 경고음을 보냈다. 문제는 여기서 그치지 않았다. 2008년 '서브프라임 모기지 사태'가 터진 것이다. 세계 최고의 경제력을 자랑하던 미국이 전 세계 금융 위기의 진앙지가 되어버렸다. 이미 두 개의 전선, 즉 아프가니스탄과 이라크 전쟁으로 많은 미군이 희생되는 등 전쟁 피로감이 누적된 상태였고 전쟁을 유지하기 위해 정부 재정은 날로 소진되고 있던 상황에서 전 세계 경제를 얼어붙게 하는 금융위기까지 터진 것이다. 2000년대 초반을 지나며 미국에 대한 근본적인 불신과 의심, 실망감이 동시에 터져나왔다.

엉망진창이 된 상황에서 배트맨처럼 나타난 인물이 있었으니, 바로 오바마였다. 세상은 작용-반작용의 연속이다. 일방주의, 적극적 개입, 전쟁에 지친 유권자들은 결국 오바마를 선택했다.

　오바마는 이미 대선 기간 아프가니스탄과 이라크 전쟁을 완전히 끝내고 미군을 철수시킬 것이라고 여러 차례 공언했다. 그는 9·11 테러 이후 전쟁과 안보 문제로 국내 문제에 집중하지 못한 점을 지적하며 내치에 집중하겠다고 약속했다. 당장 글로벌 금융위기라는 엄청난 숙제를 취임(2009.1) 전부터 이어받은 불행한 상황이기도 했다. 진창이 된 미국을 정리 정돈하고 '정상화'시켜야 하는 막대한 사명과 높은 기대감을 한 몸에 받게 됐다. 실제 오바마는 자유주의적 국제주의라는 기본 입장을 견지했지만 지난 20여 년간 미국의 지나친 개입주의에 상당히 회의적이었다. 전쟁을 당장 끝내고 경제를 회생시키고 오바마케어 등 자신의 의제에 집중하고 싶어 했다.

　하지만 생각대로 되지 않았다. 오랫동안 유지해 온 개입주의, 전쟁 종식은 생각보다 쉬운 일이 아니었다. 관성이라는 게 무섭다. 전쟁을 끝내고자 했지만 중동 안정이 요원한 상태에서 무작정 미군을 집으로 데려올 수 없었고, 이미 그들만의 리그가 된 월가의 복잡한 경제 문제도 쉽게 해결될 일이 아니었다. 오바마 행정부는 '대중국 견제 정책(Pivot to Asia)'을 공식적으로 천명한 행정부였지만 '몸은 중동에, 마음은 중국'에 있는 혼란한 상황으로 내몰렸다. 힐러리 클린턴 국무장관은 2010년 '아시아로의 회귀'를 대대적으로 알리며 대중 견제 입장을 분명히 했지만 여전히 군사력과 외교 자원은 중동에서 빠져나오지 못하고 있었다.[35] 일례로 미군은 이라크에서 2011년 12월 완전히 철수했지만 이슬람국가(IS) 격퇴를 위해

35　Hillary Clinton, "America's Pacific Century", Foreign Policy, 2011.10.11.

　　　　　　　　　　　　　　　　　　　　동맹이라는 거짓말

2014년 재파병하는가 하면, 자국민을 상대로 화학 무기를 사용한 시리아 아사드 정권의 폭정에 눈을 감는 식이었다. 당시 백악관 한 관계자는 "대중 견제 정책을 말하면서 실제 백악관 내 안보 논의의 90%는 중동에 할애됐다"고 회고했다. 이런 이유로 오바마는 워싱턴의 전통적인 외교정책자들로부터는 "무책임하다"는 비판을, 부시와는 다른 정책을 기대했던 사람들로부터는 "약속을 지키지 않는다"는 비난을 이중으로 받아야 했다.

앞서 말한 작용-반작용은 다시 한번 진자처럼 움직였다. 이번엔 트럼프가 등장한다. 오바마를 선택했던 미국이 트럼프라니, 다시 생각해도 놀랍다. 부시의 반작용은 오바마였고, 오바마에 대한 반작용은 트럼프였다. 하지만 임기 4년 내내 좌충우돌했던 트럼프는 2020년 코로나 사태에 제대로 대응하지 못하고 재선에 실패한 단임 대통령[36]이라는 오명을 얻었다(맞다. 2024년 재선되면서 '단임'이라는 오명은 벗었다).

트럼프는 1기 재임 동안 해놓은 일이 거의 없다. 중국 때리기로 무역 전쟁을 시도했지만 사실상 별다른 성과를 거두지 못했고, WHO 탈퇴 선언을 비롯해 파리협정(기후변화협정) 탈퇴, 이란 핵협정(JCPOA) 탈퇴 등으로 국제 사회의 혼란만 심화했다. 이전 오바마의 성과를 모두 뒤집겠다는 정치적 반달리즘에 가까웠고, 국제사회 리더로서의 책임을 전혀 지지 않겠다는 행보였다. 대내적으로

---

36 2019년 말 중국에서 시작된 코로나19는 2020년부터 전 세계로 퍼져 나갔다. 2020년 말까지 미국 내 누적 사망자는 약 38만 명으로, 해당 기간 전 세계에서 가장 많은 사망자가 발생한 국가 중 하나로 기록됐다.

는 오전과 오후 사이에도 뒤바뀌는 돌발적 정책과 돌출적 행동, 내
각과의 불화 등으로 매우 낮은 평가를 받았다. 그가 시도한 역사상
첫 북미 정상회담은 2018년 싱가포르(1차 트럼프-김정은 북미회담)에
서 나름의 평가를 받았지만, 2019년 2차 하노이 회담이 무산되면서
무위로 돌아갔다. 외교정책의 성과로는 '아브라함 협정(UAE, 바레인,
수단, 모로코 등과 이스라엘 간 관계정상화)' 정도를 꼽을 수 있을 것이다.
인종·이민 문제 등 사회적 갈등 심화와 코로나 대응 실패 그리고
(코로나로 인한) 경제 충격 등 악재가 겹치면서 트럼프의 인기는 바닥
으로 떨어졌고 결국 2020년 11월 대선에서 유권자들은 민주당 바
이든 후보를 선택했다.

오바마 행정부에서 부통령이었던 바이든은 대통령이 되자마자
'America is back(미국이 돌아왔다)'을 외치며 미국의 귀환을 전 세계
에 알렸다. 트럼프라는 예외적이고 일탈적인 시기가 해프닝처럼 지
나가고 다시 '정상적인 미국'이 돌아왔다는 점을 강조한 것이다. 하
지만 바이든 임기 4년 동안 충격적인 사건들이 잇달아 발생한다.
대표적으로 2022년 2월 우크라이나 전쟁과 2023년 10월 하마스의
공격으로 시작된 팔레스타인-이스라엘 전면전을 꼽을 수 있다. 전
세계 정세를 대혼란으로 빠져들게 한 중대 사건들이었다. 잇달아
발생한 이 두 개 사건이 말해주는 것은 명백했다. 미국은 더 이상
과거의 미국이 아니라는 것, 이제 세계 곳곳에서 분쟁은 일상화될
것이라는 암시였다.

후술하겠지만 우크라이나 전쟁을 계기로 나토의 약한 고리와
무기력함이 여과 없이 드러났고, 동시에 전쟁으로 인한 전 세계 인

플레이션 현상 등 경제 및 에너지 문제까지 겹치면서 바이든 행정부는 안팎으로 비판을 받는 신세가 됐다. 이스라엘이 팔레스타인 인종 청소[37]에 돌입하자 미국 내에서 반(反) 이스라엘 운동이 급속히 퍼져 나가고 전국적으로 '팔레스타인 연대' 시위가 벌어진 것도 이때다(2024년 4월 컬럼비아 대학 시위가 출발이었다).

동시에 바이든 정부는 트럼프의 경제 정책, 특히 대중 견제 정책을 이어받거나 오히려 강화하면서 '디커플링(decoupling)' 전략을 구상하는 등 자유주의 기조에 반하는 정책을 추진했다(이에 '디리스킹'으로 맞선 것은 오히려 동맹 유럽이었다). 동시에 공산당이 이끄는 중국 지도부가 그 어느 때보다 자유무역을 외치는 아이러니가 연출됐다. 경제와 안보 모든 측면에서 비틀거리는 미국의 현재를 확인시켜 주는 장면들이었다. 요약하자면 자유무역을 외치던 미국이 이제는 보호무역을, 세계경찰을 자임했던 미국이 결국에는 무기력함을 노출한 시기였다.

또 4년이 흘러 2024년 11월 대선. 트럼프는 온갖 민형사재판에도 불구하고 당당히 세 번째 대통령 후보로 떠올랐고 백악관에 다시 돌아오게 된다. 바이든의 무력감이 트럼프의 재등장을 부추긴 형국이었다. 무엇보다 미 유권자들은 피부에 와닿는 경제 문제(생활물가, 에너지 가격 등 인플레이션)와 이민정책에 매우 민감해진 상황이었다. 코로나 종식 이후, 불법 이민자 문제가 심각해졌던 게 사실이

---

37 유엔 산하 특별위원회는 2024년 11월, 이스라엘의 가자 지구 전쟁 수행이 제노사이드(genocide, 집단학살)의 특징에 부합한다고 밝혔다. '팔레스타인 주민의 인권에 영향을 미치는 이스라엘 관행에 관한 조사 특별위원회'는 연례 보고서에서 이스라엘의 전쟁 수행이 의도적으로 생존을 위협하는 여건을 조성했다고 지적했다.

다. 트럼프와 마가 세력들은 이제 테크 우파의 막강한 영향력과 돈, 미국 내 보수주의라는 세력을 기반으로 훨씬 강력하게 돌아왔다. 1기가 미국 우선주의(America First)였다면, 트럼프 2기는 '미국 절대 우선주의(America Only)'로 표현된다. 트럼프는 전쟁을 싫어한다고 공개적으로 말했던 인물이기도 하다. 이유는, 돈이 들기 때문이다. 그의 공약과 후보 시절 발언 등을 보면 자제(restain), 고립주의(isolationism)를 지향하는 듯했다. 그는 워싱턴 정치인들이 민주·공화당을 불문하고 전쟁광이자 방산업체 로비에 인질로 잡혀 있다고 비난하곤 했다. 맞는 말이다. 제2차 세계대전 영웅으로 후에 대통령이 된 아이젠하워는 "정부 위원회에서 우리는, 그것이 의도된 것이든 아니든 군사-산업 복합체(military-industrial complex)에 의해 부당한 영향력이 행사되는 것을 경계해야 한다"고 말한 바 있다. 세계대전을 승리로 이끈 5성 장군(연합군 최고사령관) 출신 대통령이 퇴임사에서 공개적으로 한 말이다(1961.1.17).

그런데 이후 무슨 일이 벌어졌을까? 2025년 한 해에만 수많은 공습과 공격이 이어졌고 급기야 2026년 1월 3일, 새해 벽두부터 베네수엘라를 공격해 현직 대통령 마두로를 납치하는 사태까지 벌어졌다. 트럼프 2기는 출범 1년 차부터 반전과 모순으로 가득 찼다. 모든 전쟁을 취임 즉시 끝내겠다고 공언했던 트럼프는 취임 후 약 6개월 뒤인 2025년 7월, 이스라엘 네타냐후 총리의 이란 공습에 미군 F-2 폭격기를 동원해 지원했다. 미군의 이란 내 핵 시설 직접 타격은 처음 있는 일이었다. 또 이스라엘의 '가자 지구 학살'을 바라만 보다가 10월에서야 평화 협정을 맺도록 압박했다. 우크라이나 전쟁은 또 어떤가. 공약대로 '24시간' 내 전쟁을 끝내기는커녕 우크라이나 측에 패전국 수준의 경제 협정을 압박했다. 전쟁이 오히려 격화되는 가운데 트럼프는 급기야 푸틴을 초청해 (진짜) 레드 카펫을 깔아주기에 이른다(8월 15일 미러 정상회담). 이후 예상대로 전쟁은 끝나지 않았고 오히려 의기양양해진 푸틴은 우크라이나 수도 키이우까지 공습하면서 전쟁을 키우는 양상이다.

여기서 그치지 않는다. 취임 초기부터 트럼프는 파나마 운하를 다시 차지하겠다고 공언했고, 마크 루비오 국무장관은 첫 해외 방문지로 파나마 등 중남미를 택했다. 이후 덴마크령인 그린란드를 "구입하겠다", "캐나다는 미국의 51번째 주가 돼야 한다"는 발언까지 반복했다. 동시에 한국, 일본, 유럽연합 등을 싸잡아서 동맹이 미국을 착취했다고 주장하는 반면, 시진핑 주석에 대해서는 발언을 삼갔다. 지금까지 트럼프가 행동으로 옮긴 내용들을 보면 스스로 주장했던 자제나 고립주의와는 거리가 멀다. 미국의 이익(혹은 트럼프 개인 취향)에 도움이 된다고 판단되면 다른 나라의 주권을 무시하고 그 영토를 '사버리겠다'는 발언까지 서슴없이 내뱉는다. 강대국 정치의 전형이다. 나보다 약하다고 판단되거나 혹은 나의 이익에 부합한다고 판단되면, 근대 국가의 기본인 '주권'에 대한 개념도 없이 상대국에 위협을 가한다. 1823년 '먼로주의'가 연상되는 대목들이다.

실제 2025년 12월 공개한 국가안보전략(NSS)에 다름 아닌 먼로주의가 언급된다. 서술된 내용을 보면 '서반구: 먼로 독트린에 대한 트럼프식 보완(Trump Corollary)'이라는 소제목하에 "수년 간의 방치 이후 미국은 서반구에서 미국의 우위를 회복하고 우리의 본토와 역내 핵심 지리적 요충지들에 대한 접근을 보호하기 위해 먼로 독트린을 재확인하고 집행할 것이다. 우리는 비(非)서반구 국가 경쟁자들이 우리 반구 내에서 병력이나 기타 위협적인 역량을 배치하거나, 전략적으로 중대한 자산을 소유하거나 통제하는 능력을 갖지 못하도록 차단할 것이다. 이른바 먼로 독트린에 대한 'Trump Corollary(트럼프 추론)'[38]는 미국의 안보 이익에 부합하는, 상식적이면서도 강력한 미국의 권력과 우선순위의 회복"이라고 적시하고 있다.

트럼프의 미국은 동맹 비난, 다자주의 및 자유무역 배격, 선택적 개입주의로 향하고 있다. 모든 사안이 위험하게도 미국의 이익, 그리고 트럼프의 친소 관계와 기분에 의해 결정되고 있다는 점이다(트럼프는 자신과 친분이 있거나 엄청난 돈을 기부하는 사람, 기업들에게 유리하도록 정책을 변경하고 있다. 대표적으로 석유 에너지 기업 등이다).

현실주의 학자인 스티븐 월트(Stephen M. Walt) 교수는 말과 행동이 정확히 어긋나는 트럼프 정부의 외교정책을 보며 다음과 같이 꼬집는다.[39]

"트럼프 대통령이 외교정책 현실주의자인지 '자제론자(restrainer)'인지에 대한 논쟁은 이제 끝내야 할 때다. 물론 그

---

38 트럼프가 사용한 이 표현은, 1904년 시어도어 루스벨트 대통령이 먼로주의를 확장하며 발표한 '루스벨트 추론(Roosevelt Corollary)'에서 따왔다. 시어도어 루스벨트는 기존 외부 세력의 개입을 막는 수준(먼로주의)을 넘어 미국이 직접 개입할 권리가 있다는 '확장된 해석'을 내놨다.

39 Stephen M. Walt, "Donald Trump Will Never Be a Restrainer", Foreign Policy, 2025.9.30.

                                                동맹이라는 거짓말

의 변덕스러운 정책 결정 방식과 말과 행동이 일치하지 않는 성향은 그의 입장을 명확히 규정하기 어렵게 만든다. 특히 우크라이나 사태에서 보듯 명백한 이유 없이 극단에서 극단으로 오락가락할 때는 더욱 그렇다. 일부 발언과 행동이 그 라벨과 어울려 보일 수 있지만, 그는 현실주의자도 자제론자도 아니다. 이 문제를 제기하는 이유는 라벨이 중요하기 때문이다. 누가 어떤 접근법이나 사상적 흐름과 연관되느냐에 따라 다양한 아이디어와 정책 제안이 받아들여지는 방식이 달라질 수 있다. …자제론자들은 군사력을 동원해 민주주의를 확산시키려는 시도는 어리석은 짓이라고 믿는다. 또한 다른 국가를 위협하거나 괴롭히는 행위는 대개 역효과를 불러일으켜, 적대국의 의심을 키우고 우방이나 중립국은 적으로 돌린다고 생각한다. 이러한 이유로 그들은 외교가 미국의 첫 번째 선택이 되어야 하며 무력 사용은 최후의 수단이 되어야 한다고 믿는다."

시진핑이 의미하는 것: '전랑(戰狼) 외교'

"그들(중국)은 가난한 사회를 경제적 기적으로 탈바꿈해 이제 세계 2위의 경제가 되었고—머지않아 세계 최대 경제가 될 길 위에 있다. 중국은 4,000년의 문화를 지닌 13억 인구의 나라로, 매우 크고 재능 있는 인재 풀을 갖고 있다. 그런 나라가 어찌 아시아에서, 그리고 시간이 지나 세계에서 1위를 꿈꾸지 않을 수 있겠는가? …재각성된 운명론적 인식은 압도적인 힘이다. …중국은 중국으로서 존재하고 인정받기를 원하며 서방의 명예 회원으로 여겨지는 것을 원치 않는다. …그들은 결코 미국의 하위 파트너가 되기를 바라지 않는다."

— 리콴유 전 싱가포르 총리(2013.1)[40]

10년 이상이 훌쩍 지났지만 리콴유 전 총리(2015년 사망)의 과거 인터뷰를 볼 때마다 길지 않은 문답 속에 날카로운 통찰이 있음을 느낀다. 미래를 내다보는 지식인의 분석과 혜안은 시기와 무관하게 커다란 울림을 준다.

과거 리콴유가 단호하게 말했던 중국은 현재 어떤 모습일까? 그들은 어떠한 미래를 꿈꾸고 있을까? 그리고 2013년 3월 중화인민공화국 주석으로 선출된 시진핑이라는 인물의 등장은 역사에 어떤 의미로 각인될까? 이 장에서 던지는 질문들이다.

---

40 Graham Allison and Robert Blackwill, "Interview: Lee Kuan Yew on the Future of U.S.-China Relations", The Atlantic, 2013.3.5.

  동맹이라는 거짓말

미국 내 심각한 정치 양극화는 너무나 흔한 말, 닳고 닳은 말이 됐다. 전문가들은 2000년대 이후를 지나면서 "돌아보면 냉전 시기 워싱턴 정치는, 특히 외교정책에 있어서 놀라울 정도로 단합돼 있었다"고 회고한다.[41] 20세기 내내 세계대전 이후 한국 전쟁, 베트남 전쟁, 중남미 정치 개입 등을 두고 대내외적으로 거친 논란이 지속됐지만 '소련'이라는 거대한 적을 앞에 둔 외교정책에서는 상당한 합의가 가능했다는 뜻이다. 하지만 소련 붕괴 후 내부의 이념적·정책적 분열이 심해졌고, 이는 외교정책으로까지 이어져 부작용을 초래하고 있다고 지적한다.

그럼에도 불구하고 비교적 일치된 한 목소리가 있었으니, 단연 중국이다. 민주당, 공화당 할 것 없이 중국 앞에서는 하나로 뭉친다. 마치 소련 앞에서 그랬던 것처럼(이런 매파적 분위기 속에서 '시진핑을 직접 비난하지 않는' 트럼프가 오히려 온건파로 분류될 정도다). 그렇다면 중국은 무슨 생각을 하고 있을까? 미국이 생각하는 중국과 중국이 생각하는 중국은 분명 다르다. 중국의 위상이 현격하게 달라진 2010년대 이후 공식 입장을 분석해 보자.

중국은 비교적 정기적으로 발간해 온 국방백서와 별개로, 경제 및 외교정책을 담은 백서(white paper)를 비정기적으로 발표해 왔다. 2005년 〈중국의 평화적 발전의 길(中国和平发展的道路)〉, 2011년 〈중국의 평화적 발전(中国的和平发展)〉 등이다. 헌법, 당대회 보고와 같은 최고의 법적·정치적 문건은 아니지만 중국 정부(국무원 신문판

---

41 Stephen M. Walt, "America's Polarization Is a Foreign Policy Problem, Too", Foreign Policy, 2019.03.11.

공실)가 공식 발표하는 문건으로 상당한 무게를 갖는다. 백서는 자국민은 물론 국제사회에 중국 정부의 입장을 공식적으로 알리는 문서라는 데 큰 의미가 있다.

2011년 발표된 〈중국의 평화적 발전〉에는 중요한 대외 정책이 담겼다(참고로 2011년 시진핑은 부주석이었다). 당시는 2008년 글로벌 금융 위기를 계기로 '중국 부상'에 대한 논쟁이 시작된 시기이자 오바마 정부 초대 국무장관이었던 힐러리 클린턴과 중국 양제츠(杨洁篪) 외교부장이 남중국해 문제 등을 두고 공개적으로 충돌하는 등 미-중 갈등이 부각하던 시기로, 중국은 자국 입장을 정리할 필요성을 느꼈던 것으로 보인다. 2011년 백서에는 국가 주권, 국가 안보, 영토 보전, 국가 통일, 국가 정치제도(사회주의 체제 및 공산당 집권)와 사회 안정, 경제의 지속적 발전 등 6대 핵심 이익이 언급된다.[42] 이 핵심이익을 지키기 위해서는 주변 환경의 안정이 필요하고, 이런 맥락에서 '한반도의 안정과 평화'는 중국 동북 지역의 경제발전, 국가안보 등에 있어 필수적인 요소다.

구분해서 본다면 '대내' 목표의 핵심은 경제 현대화, 사회 안정, 샤오캉 사회(小康社会, 중산층 중심의 비교적 풍요로운 사회), 기술 발전 등이다. 국제사회가 보다 주목한 '대외' 정책과 관련해서는 세계 평화 유지, 국제 협력 확대, 다극화된 세계 질서 등을 강조하고 무엇보다 패권 추구가 아닌 '책임 있는 대국(Responsible Great Power)'으로 나아갈 것임을 밝힌다. 책임 있는 대국으로서 평화적으로 성장

---

42   허재철, '중국은 정말 한반도 통일을 원할까?', 프레시안, 2015.3.5.

   동맹이라는 거짓말

하고 국제사회에 역할을 할 뿐이지 미국이 점하고 있는 세계 패권을 차지할 야망도 목적도 없다는 점을 강조한다. 1979년 개혁·개방 이후 30년 이상 중국이 유지해 온 외교의 방향, 즉 도광양회(韜光養晦, 자신의 재능을 숨기고 때를 기다린다)나 화평굴기(和平崛起, 평화적으로 우뚝 선다)와 같은 맥락이다. 하지만 당시 일부 전문가들은 중국의 남중국해 영유권 강화, 군사비 급증 등을 근거로 이런 주장을 의심했다.

"당시 최고 지도자였던 덩샤오핑은 중국의 대외 및 안보 정책의 지침으로 '도광양회(Lie low)'라는 개념을 내세웠다. 이 용어는 국제 문제에서 지나치게 주도하지 말고 경제력 강화에 집중하라는 것을 권고한 것으로, 여전히 중국의 공식 외교정책 기조이다. 그러나 최근 몇 년간 중국의 경제력 상승과 함께 특히 군부 강경파를 중심으로 이 원칙을 포기해야 한다는 목소리가 점점 더 커지고 있다. 하지만 주로 학자와 전직 외교관들인 온건파들은 지나치게 공격적인 태도가 중국의 이웃 국가들로 하여금 중국의 의도를 불안하게 만들 수 있다고 경고한다."[43]

이런 의심은 약 2년 뒤 시진핑이 주석 자리에 오르면서 더욱 강해진다. 이전과는 다른 공격적인 발언이 나오기 시작했기 때문

43　Verna Yu, "'China threat' hangs on a phrase", South China Morning Post, 2010.10.2.

중국 역대 지도자들의 외교노선

지도자	집권 기간	외교 노선	의미
덩샤오핑	1978~1989	도광양회	재능을 감추고 때를 기다린다
장쩌민	1989~2002	유소작위	해야 할 일에는 적극 나선다
후진타오	2002~2012	화평굴기	평화적으로 부상한다
시진핑	2012~	대국굴기	중화민족 부흥, 대국으로 일어선다

이다. 2012년 11월 시진핑 체제를 출범시킨 18차 당 대회 보고에서 "우리나라의 국제적 지위에 걸맞고 국가 안보와 발전 이익에 부응하는 강한 군대를 건설하는 것이 전략적 임무"라고 선언한 중국은, 시진핑이 강조한 '전쟁을 할 수 있는 군대, 전쟁에 나서면 이길 수 있는 군대'가 되겠다는 내용을 2013년 국방백서에 담는다. 2011년 국방백서에서 '평화적 외교와 방어적 국방정책', '영원히 패권을 추구하지 않는다'라는 내용이 주를 이뤘다면, 불과 2년 만에 공세적 입장으로 전환된 것이다. 일례로 2013년 국방비는 10.7% 증액된 약 7,201억 위안으로, 전년 GDP 증가율 7.8%를 크게 웃도는 수치였다[중국 국방예산은 2001년부터 2010년까지 연평균 증가율 15%를 기록했고, 2024년에는 전년 대비 7.2% 올라 약 300조 원(1조 6,700억 위안)을 넘겼다].

2019년 7월 24일 발표한 국방백서도 주목할 만하다. 이때는 시진핑 2기(2017~)이자 트럼프 정부와 심각한 무역 갈등을 빚던 시기인 동시에 사드(THAAD, 고고도 미사일 방어시스템) 사태(2016)로 한-미-중 관계가 양국 외교수립 이후 최악의 시간을 보내던 즈음이다.

2019년도 국방백서 〈신시대 중국 국방정책(新時代的中國國防政策)〉에서 중국은 건국 100주년인 2049년까지 세계 최고 수준의 군사대국으로 자리매김한다는 구상과 의지를 구체적으로 밝힌다. 국방백서는 중국군을 세계 일류 군대로 육성시킨다는 강군꿈(强軍夢) 전략을 제시하면서 "신시대 중국 국방의 특징은 영원히 패권과 확장을 추구하지 않고 세력범위를 도모하지 않는 것"이라고 강조했다. 또한 신시대 군사전략 방침의 관철·이행을 통해 중국 특색 강군 노선을 견지하여 인류문명공동체 구축에 이바지한다"고 적시했다. 이어 "한국은 사드 배치, 일본은 전후 질서 탈피, 호주는 미국과의 군사관계 공고화 등을 시도하며 역내 질서 불안정성을 야기"한다고 지적하고, 미국을 중심으로 하는 군사동맹 체제를 구축하면서 아시아·태평양 지역의 불안정성을 높이고 있다고 주장했다.[44] 한편 티베트, 대만, 신장자치구를 '주요 국내 문제'로 언급하며 이 지역들이 독립 행위(ipso facto independence)를 한다면 즉각 군사력을 동원해서라도 영토 통합을 유지할 것임을 분명히 하고, 미국이 2017년도 국가안보전략(NSS)과 2018년도 국가국방전략(NDS) 보고서 등을 통해 중국을 '미래 경쟁대상'으로 지목한 것에 대해 반발하며 주요 조치들을 밝히기도 한다.[45]

---

44 정재홍, "2019년 중국 국방백서 분석과 평가", 세종포커스, 2019.11

45 한국군사문제연구원, 《2019년도 중국 국방백서》 발표와 주요 내용 요약", KIMA Newsletter, 2019.7.

중국은 자국의 입장을 여전히 방어적이라고 강조했지만 미국과 서방 언론들은 중국 정부의 '공세적' 입장에 주목했다. 실제 국방 전략뿐만 아니라 외교도 눈에 띄게 거칠어지는 가운데 2019년 전후 '전랑 외교'라는 말이 회자되기 시작한다. 2015년과 2017년 애국주의 액션 영화 〈전랑(战狼, Wolf Warrior)〉 시리즈가 엄청난 반향을 일으키면서 이 용어는 강력한 민족주의와 대외 강경 노선을 상징하게 된다. 이 무렵 서방 언론은 이를 빗대 '전랑 외교'라는 용어를 쓰기 시작했고 독일 일간지 〈타게스슈피겔(Tagesspiegel)〉은 "China's Wolf-warrior(중국의 전랑)"라는 글(2020. 12)에서 공격적 외교를 비판하기도 했다. 앞서 2010년 7월 아세안지역안보포럼(ARF, 베트남)에서 화제가 됐던 힐러리 클린턴 국무장관과 양제츠 외교부장 간의 공개 설전 등 일련의 장면들은 향후 중국이 선보일 외교의 복선이기도 했다. 미-중 간 공개 설전은 잦아졌고 2020년 9월 마이크 폼페이오 국무장관과 왕이(王毅) 외교부장의 설전도 연장선이었다.

"남중국해상에서 중국 공산당의 위협적인 행동에 대해 우려를 제기하는 몇몇 아세안(ASEAN) 국가들, 여타 국가들과 미국은 의견을 같이한다."

— 마이크 폼페이오

"미국이 자신의 정치적 필요로 지역 영토·해양 분쟁에 직접 개입하고 있으며 남중국해 군사화의 가장 큰 주범이 되고 있다… 남중국해는 강대국의 복싱링도 아니고 지정학적 경기

   동맹이라는 거짓말

장이 아니다.”[46]

— 왕이 외교부장

2021년이 되자 중국 공산당은 시진핑의 위상을 마오쩌둥, 덩샤오핑과 같은 반열에 올려놓는다. 11월 11일 제19기 중앙위원회 6차 전체회의(19기 6중 전회)[47]에서는 '역사 결의'를 통과시키며 '지난 100년 당의 주요 업적과 향후 방향'을 열거했다. 이 결의안 통과가 중요한 것은 마오쩌둥 시기인 1945년, 덩샤오핑 집권기인 1981년에 이어 100년 역사상 세 번째 역사 결의였기 때문이다. 곧 시진핑 3연임을 알리는 신호였다. 이와 관련 11월 8일 〈뉴욕타임스〉는 '531페이지 분량의 역사 결의'에서 시 주석이 집권한 지난 9년간의 분량이 전체의 4분의 1을 차지한다”며 “역대 지도자 가운데 마오쩌둥이나 덩샤오핑을 제외하고 이처럼 강조된 사람이 없다… 시 주석이 중국 공산당 역사를 다시 쓰고 있다”고 분석하기도 했다.[48]

2024~2025년 중국이 주최한 대내외 공식 문서들을 분석하면 명확히 두 가지 키워드가 보인다. '시진핑 1인 지도력 강화'와 '다극화된 국제질서'다. 전자는 모든 권력이 시진핑이라는 1인 지도에

---

46 윤경환, “美 남중국해 주장 불법 vs 中 간섭 말라…미중 외교장관 공개 충돌”, 서울경제, 2020.9.10.

47 2021년 6중 전회는 11월 8일부터 11일까지 중앙위원 및 후보 중앙위원 등 전체 370명이 모인 가운데 열렸다. 시진핑이 3연임을 노릴 것으로 예상되는 2022년 전국 대표대회를 앞두고 열린 주요 회의로 해석됐다. 이때부터 일각에서는 시진핑의 장기 집권을 위해 '인격 숭배'로 가고 있다는 평가가 나왔다.

48 류지영, “시진핑, 중국 공산당 100년사 다시 썼다'…中 세 번째 역사결의”, 서울신문, 2021.11.10.

집중됐다는 의미이고, 후자는 국제질서가 다극화되고 있으며 그 중심에 (미국을 대체해) 중국이 우뚝 서겠다는 야망을 보여준다. 2024년 대내외 정책 방향 등을 제시하는 양회(兩會, 3월 4~11일 개최)와 관련, 세종연구소는 "시진핑 주석 1인 중심의 당 지도력 강화를 통한 내부 정치 결속을 통해 미국과의 중장기 경쟁에 대응하고 신시대 중국 특색 사회주의 대국화와 중국식 사회주의 현대화 달성 의지를 보여주고 있다"고 설명했다. 또 "미국 중심의 단극 국제질서가 아닌 새로운 다극화된 국제질서 구축을 내놓으며 달라진 중국의 대외정책 변화를 보여주고 있다. 특히 시진핑 지도부는 미국과 서구 중심 국제질서가 우크라이나와 중동 사태를 통해 급속히 쇠퇴하고 있으며, 100년 만의 대격변(百年大變局)시대를 맞이하여 새로운 다극화 국제질서 핵심 역량으로 자리매김하고 있는 러시아, 브릭스(BRICS), 상하이협력기구(SCO), 글로벌 사우스 국가들과 보다 긴밀한 경제-안보 협력을 확대시켜 나간다는 구상"이라고 지적했다.[49]

트럼프 2기가 출범한 지 4개월이 지난 2025년 5월, 중국 국무원은 새로운 백서(China's National Security in the New Era)를 발표한다. 서문과 결론을 제외하고 6개 장으로 구성된 이 백서에 대해 관영 〈신화통신〉은 시진핑의 총체적 국가안보관을 담았다고 강조한다.[50]

"중국은 아시아·태평양 국가들과 협력하여 지역의 평화와

---

49 정재흥, "2024년 중국 양회(兩会)를 통해 바라본 대내외 정책 변화", 세종포커스, 2024. 4.

50 "China releases white paper on national security", 신화통신 , 2025. 5. 12.

발전을 위해 노력하고 있다. 이는 변동성이 크고 불안정한 세계에 안정을 불어넣는다. … 중국의 국가 안보에 대한 총체적 접근법(holistic approach to national security)은… 중화인민공화국 건국 이래 국가 안보 노력의 지침 원칙으로 수립된 최초의 주요 전략적 사고(the first major strategic thinking)다. 이는 새로운 시대를 위한 중국 특색의 사회주의에 관한 시진핑 사상의 중요한 구성 요소이며 현대 중국이 글로벌 커뮤니티에 기여한 주요 이론적 공헌을 보여준다."[51]

이후 2025년 9월 전 세계 언론이 주목하는 '중국의 시간'이 왔다. 중국식 현대화와 군사 굴기, 중화민족의 위대한 부흥 등을 자랑하는 '중국 인민 항일전쟁 및 세계 반파시스트 전쟁 승리 80주년(전승절)'이었다. 시진핑은 9월 1일 '상하이협력기구' 정상회의, 3일 전승절을 잇달아 주재하며 '세계의 중심은 중국'이라는 메시지를 대내외에 각인시키려 노력했다. 그동안 관계가 순탄치 않았던 김정은 위원장까지 초대하며 모든 변수와 잡음을 차단했다. 이 대규모 국제 행사를 통해 시진핑이 의도한 것은 하나다. 앞으로 중국은 세계 지도국으로서 미래를 주도할 것이라는 메시지다.

"국내 청중(중국인)에게는 한때 약했던 중국이 이제 초강대국이 되었다는 메시지를 강화해 중국 공산당의 정통성 주장

---

51 〈신화통신〉 백서 발췌(Abstract of white paper on China's national security in new era), 2025.5.13.

의 핵심 부분을 부각시킨다. 해외 청중들에게는 인민해방군 (PLA)이 더 이상 단순히 미래 전쟁을 준비하는 것이 아니라 오늘날 전투 준비가 완료되었다는(combat-ready today) 신호 를 보낸다. 이 퍼레이드는 PLA의 역내 영향력 확대, 적대국 억제, 중국의 안보 주장을 관철할 수 있는 역량을 부각시킬 것이다. 이 퍼레이드는 외교적 쇼케이스이기도 하다. …이러 한 대비는 의도된 것이다. 동남아시아, 중동, 중앙아시아, 아 프리카, 라틴아메리카 지도자들을 한자리에 모음으로써, 베 이징은 서방의 고립된 경쟁자가 아닌 글로벌 사우스의 대표 자로 자리매김하려 한다. 초청자 명단 자체가 외교적 신뢰의 표명 역할을 한다."[52]

시진핑은 2025년 9월 1일 중국 톈진에서 열린 상하이협력기구 (SCO) 정상회의와 확대회의에서 "진영 대립과 괴롭힘(覇凌·갑질) 행 위에 반대한다"며 미국을 비판하고, 경제력을 무기로 안보·경제 분 야 협력 강화를 위한 글로벌 사우스의 결집을 촉구했다.[53] 약 20개 국의 정상-정부 수반과 10개 국제기구 대표 등이 참석한 역대 최대 규모의 회의였다. 시진핑은 공개 연설을 통해 "보다 평등하고 공정 한 다극화된 국제질서 수립"을 천명하고 회원국들 간 안보 및 경제 협력을 가속화할 것을 강조했다. 구체적으로 중국 주도의 SCO 개

---

52 Deng Yuwen, "China's Military Parade Is a Powerful Diplomatic Display", Foreign Policy, 2025.8.28.

53 정재홍, "상하이협력기구(SCO) 정상회의와 9·3 전승절: 새로운 국제질서 전환과 북·중·러 3국 연대 함의", 세종포커스, 2025. 9.10.

동맹이라는 거짓말

발은행 설립을 제안하면서 "올해 SCO 회원국에 20억 위안(3,911억 원)의 무상원조를 제공"하고 향후 3년간 은행컨소시엄의 회원은행에 100억 위안(1조 9,552억 원)의 추가대출을 제공하겠다고 밝혔다.[54] 또한 2023년 자신이 제안했던 '글로벌 개발 이니셔티브'와 '글로벌 안보 이니셔티브', '글로벌 문명 이니셔티브'를 확대·강화하겠다는 입장도 밝혔다. 3대 글로벌 이니셔티브는 중국이 국제사회에 제안한 구상이자 중국의 새로운 국가 전략으로, 미국을 대체해 국제사회 전반에서 영향력을 확대해 나가겠다는 신호로 해석된다. 시진핑의 2025년 쇼케이스를 지켜본 관찰자들은 트럼프 행정부가 버리고 방기한 세계 리더의 역할, 우크라이나 전쟁과 이스라엘-팔레스타인 이후 극도로 혼란스러워진 국제질서의 틈새를 중국이 파고들어 영리하게 활용하고 있다고 평가한다.

> "중국은 국제 체제에서 미국의 주도적 지위를 강제로 빼앗거나 기존 질서를 전복하기보다는, 트럼프가 워싱턴의 역할을 신속하고 자발적으로 포기하는 점을 이용하고 있다. …(이 전략이 성공한다면) 향후 미국 행정부가 되돌리기 어려울 정도로 미국의 영향력을 약화시킬 것이다. …워싱턴이 가장 우려하는 점은 시진핑의 행동이, 중국 중심의 세계가 미국에 대한 저항을 보상할 것임을 분명히 했다는 것이다. 이 약속을 상징하는 것보다 더 좋은 예는 없다. 수십 년간 가혹한 제재를

---

54 신경진, "反서방 세계 질서 구축 선언한 시진핑 '상하이협력기구 개발은행 창설'", 중앙일보, 2025.9.1.

받아온 북한이 러시아의 우크라이나 전쟁에 군대를 파견했음에도 불구하고, 시진핑이 베이징 군사 퍼레이드에서 북한 지도자 김정은에게 가장 중요한 자리를 주기로 한 결정이 바로 그것이다. 시진핑은 푸틴, 모디, 마수드 페제쉬키안 이란 대통령 등 미국에 맞선 다른 지도자들도 마찬가지로 환영했다. …중국은 이제 국제질서의 파괴자가 아닌 수호자로 인식되려 노력하고 있다."[55]

여기서 다시 궁금해진다. 과연 중국은 세계 패권을 추구하는 것일까. 아니면 미국과 다소 분절된 상황에서 지역 패권만을 꿈꾸는 것일까? 논쟁은 진행 중이다. 사실 답이 없을 수 있다. 극단적으로는 중국 스스로 '내가 무엇을 원하는지 모를' 수도 있다. 다시 말하면 중국 주장처럼 조화로운 지역 패권, 현상 유지만을 목표로 한다고 하더라도 과연 경계를 구분 지을 수 있을까? 미-소 냉전 시기처럼 경제 근간(자본주의-공산주의)이 다르고 무역과 공급망 등이 분절된 시기라면 비교적 분명한 경계를 지을 수 있지만 지금처럼 경제, 기술, 표준, 공급망, 금융 등 모든 것이 연결된 구조 속에서 지역 패권만을 추구할 수 있을까? 일례로, 일대일로의 경우 중국 대륙에서 중동 유럽, 심지어 중남미까지 땅과 바다로 연결되는 상황에서 어디까지를 중국의 역내 이익으로 봐야 할까. 이 가운데 어느 한 지역에서 항구 조차(租借) 문제, 금융-투자 문제, 혹은 미군-중국군 주

---

55 Jeffrey Prescott and Julian Gewirtz, "China Goes on Offense : Beijing's Plans to Exploit American Retreat", Foreign Affairs, 2025.9.29.

                                            동맹이라는 거짓말

둔 문제 등으로 갈등하게 된다면?

요지는 중국이 역내 패권, 핵심 이익을 강조하고 세계 패권에 관심 없다고 주장한다고 하더라도 세계 곳곳에서 충돌하거나 마찰이 이어지면 결국 규범, 규칙, 질서, 제도를 자국 중심으로 재편하려는 욕구를 끊임없이 느낄 것이다. 미국 입장에서 보면 현상 변경, 패권 추구다. 현대 국제정치학의 거인으로 불리는 케네스 월츠(Kenneth N. Waltz)는 다음과 같이 말했다.

"안정적인 국가들이 안정적인 세계 질서에 기여한다고 말하는 것은, 단지 대부분의 국가들이 질서정연하다면 질서가 널리 확산될 것이라고 말하는 것과 같다. 그러나 실제로 모든 국가들이 내부적으로는 안정적일지라도 국제체계는 그렇지 않을 수도 있다. 각각의 안정적인 국가가 단지 안전만을 갈망하고 그 이웃국가에 대한 음모를 꾸미지 않는디 하더라도 모든 국가들이 여전히 불안정한 상태에 놓일 수 있을 것이다. 왜냐하면 어떤 나라가 안보를 추구하는 방법이 다른 나라에게는 위협이 될 수 있기 때문이다." (1979)[56]

힘의 논리와 무질서를 본질로 하는 국제 관계의 속성상 어느 한쪽의 강력한 힘은 의도하지 않은 방향으로, 의도와는 반대의 상황으로까지 이어질 수 있다. 중국의 의도에 대한 격렬한 논쟁보다 중

---

56 Kenneth N. Waltz, 《Theory of International Politics》, Addison-Wesley Publishing,

요한 것은, 힘의 관성 혹은 국제 체계라는 불안한 구조 자체가 중국
을 미국과 대립하는 패권국으로 추동하고 있다는 점이다.

푸틴이 의미하는 것: 카오스 이론

"소련의 붕괴는 세기 중 가장 큰 지정학적 재앙이다(the greatest geopolitical catastrophe of the century)."

— 푸틴

뮌헨 연설 중(2007)[57]

"러시아의 우크라이나 전면 침공이 냉전 이후 국제 질서에 미칠 피해는, 9·11 미국 테러 공격과 뒤이어 발생한 논쟁적인 이라크 침공보다 더 클 것으로 예상된다."[58]

— 애슐리 J. 텔리스(Ashley J. Tellis) (2024)

수세기 동안 러시아는 '주변국에 포위'되어 있다는 공포감(encirclement fear)으로 편집증적인 반응을 보여왔다. 멀지 않은 과거 20세기만 보더라도 나치 독일이 있었다. 스탈린은 나치의 소련 침공(바르바로사 작전, 1941.6)에 큰 충격을 받은 후 중앙 및 남부 유럽에 위성국을 포진시켰고, 그 누구도 다시는 소련을 기습할 수 없게 하겠다는 결심을 굳혔다.[59]

---

57 2008년 4월 부쿠레슈티 나토 정상회의에서 미국이 "조지아·우크라이나의 미래 나토 가입"을 강력히 지지하자, 푸틴은 즉각 "러시아 안보에 직접적 위협"이라 발언한다. 약 4개월 후 조지아 측의 공격을 빌미로 러시아는 전면 침공(2008.8.7~12)하는데, 이 조지아 전쟁은 소련 해체 이후 처음 러시아가 옛 공화국에 무력 개입한 사건이다. 앞서 푸틴은 2007년 뮌헨 연설에서 "소련 붕괴는 지정학적 재앙"이라 표현한 바 있다.

58 Ashley J. Tellis, "Inevitable Fractures: The Ukraine War and the Global System", Carnegie Endowment for International Peace, 2024. 5.13

59 Antony Beevor, "We Are Still Fighting World War II", Foreign Affairs, 2025

수백 년간 러시아 제국을 맴돌던 이런 지정학적 편집증은 20세기 스탈린에서 21세기 푸틴으로 유전됐다. 2014년 크림반도 강제병합은 그저 예고편에 불과했고, 8년 뒤인 2022년 우크라이나 침공은 끝내 제2차 세계대전의 망령을 소환했다. 21세기에 믿기 어려운 충격적인 전쟁이었다. 이 전쟁은 전후 질서의 균열과 허약함을 그대로 드러내며 1945년 이후 '긴 평화'를 한순간에 깨버렸다는 데서 중요하다. 그렇다면 20세기 초반을 연상시키는 이 전쟁은 왜 일어난 것일까. 푸틴은 도대체 무슨 생각을 하고 있는 것일까. 전쟁 발발 3일 전인 2월 21일 밤 10시 35분(현지시간), 푸틴은 전국 TV 생중계를 통해 약 한 시간에 달하는 '역사 강의'를 한다. 그의 주장을 들어보자.

"현대 우크라이나는 전적으로 러시아, 더 정확히는 공산주의 러시아(볼셰비키)가 만든 것이며 원래부터 우크라이나는 러시아의 일부다.[60] 레닌이 민족주의자들을 달래기 위해 분리·독립할 수 있는 권리까지 부여한 것은 실수가 아니라 실수보다 더 나쁜 것이며, …이런 맥락에서 우크라이나가 레닌 동상을 철거한 것은 아이러니다.

…원한다면 우리는 진정한 탈공산화가 우크라이나에 무엇을 의미하는지 보여줄 준비가 되어 있다.[61] 우크라이나 정치가

---

60 19세기 러시아 제국과 오스트리아-헝가리 제국의 영향력 아래 있던 우크라이나는 1917년 11월 '우크라이나 인민공화국(UNR)'을 선포한 후 볼셰비키와 내전을 벌이게 된다. 결국 러시아에 점령당한 뒤 1922년 소련(USSR)에 편입됐다.

61 푸틴 연설, 'Address concerning the events in Ukraine'. 2022.2.21.

과두 집단의 이익에 봉사하며 부패가 국가 체제 전체에 침투했고… 2019년 기준 약 600만 명의 우크라이나인(전체 인구의 15%)이 일자리를 찾아 해외로 떠났다…. 2014년 마이단 사건은 쿠데타이며 …우크라이나가 정치적·경제적 보호령도 아닌 꼭두각시 정권을 가진 식민지로 전락했다. …나토에 가입하려는 우크라이나는? '반(反) 러시아 프로젝트'다. …돈바스 학살을 저지하고 민간인을 보호하기 위해, 더 나아가 나치 세력을 물리치기 위해 직접 나설 수밖에 없다."

요약하면, 러시아 영토이자 마지막 보루인 우크라이나를 수호하기 위해 특별 군사 작전은 불가피하고 이는 일종의 자위권 발동이라는 주장이다. 진짜 속내는 이제부터다. 푸틴은 1990년 독일 통일 당시, 미국이 나토가 "동쪽으로 1인치도 확장하지 않을 것(not one inch eastward)"[62]이라고 약속해 러시아(당시 소련)를 안심시켰다고 주장한다. 하지만 이는 거짓이었다고 비난하며, 구체적으로 폴란드·체코·헝가리(1999), 발트 3국(2004), 알바니아·크로아티아(2009), 몬테네그로(2017), 북마케도니아(2020) 등 다섯 차례에 걸친 나토 확장을 꼬집는다. 이어 우크라이나에 배치된 니토 시스템에서 빌사된 토마호크 순항미사일이 모스크바까지 35분 이내에, 하르키우에서 발사된 탄도미사일은 7~8분 내, 극초음속 무기는 4~5분 내 도달할

---

62 1990년 2월 9일 모스크바에서 고르바초프를 만난 제임스 베이커 국무장관은 "not one inch eastward"라고 표현하며 러시아(당시 소련)를 안심시킨다. 다만, 이 표현은 공식 문서가 아니라 비공식 회담 메모(Memorandum of Conversation)에만 등장한다.

수 있다고 지적하며 "이것은 마치 목에 칼을 겨누는 것과 같다"고 비난한다.

여기서 '나토와 1인치'를 이해해야 한다. 우크라이나 침공 전까지 러시아는 첫째, 나토의 추가 확장 금지 둘째, 러시아 인근으로 나토 공격무기 배치 금지 셋째, 유럽 내 나토 군사인프라를 1997년 이전 상황으로 복귀할 것 등을 요구해 왔다.

러시아가 콕 집어 강조한 1997년은 〈NATO와 러시아 간 협력과 안보에 관한 기본협정〉[63]이 체결된 때다. 그 해 5월 27일 오전 10시 30분, 프랑스 파리 엘리제궁에는 불안과 불만에 사로잡힌 러시아 옐친 대통령과 함께 빌 클린턴 미국 대통령, 토니 블레어 영국 총리, 헬무트 콜 독일 총리 등 16개 나토 회원국 정상들이 모였다. 이들은 폴란드, 헝가리, 체코 등 동유럽 3개국을 신규 회원국으로 받아들이는 데 합의했고, 이를 계기로 나토-러시아 양측은 상호관계를 규정하면서 다시 한번 '평화'를 문서로 약속한다.[64] 1991년 소련 붕괴 후 허약해질 대로 허약해진 러시아는, 앞으로 나토가 발트 국가와 우크라이나 등 옛 소련 공화국을 새로운 회원국으로 가입시

---

63 공식명칭 'Founding Act on Mutual Relations, Cooperation and Security between NATO and the Russian Federation'.

64 〈나토와 러시아 간 협력과 안보에 관한 기본협정〉
· 양측은 인권을 존중하고 유럽 안보의 불가분성(不可分性)을 인정하며 각국의 영토주권과 독립을 위협하지 않고 무력사용을 지양.
· 정치/군사적 협력: 유럽 재래식무기감축조약(CFE)에 따른 감축목표 설정. 나토는 신규회원국에 핵무기를 배치할 의사도, 계획도, 필요도 없음을 선언. 유럽안보협력기구(OSCE) 차원에서 정보교환과 상호검증을 통한 신뢰구축 조치 이행.
· 나토-러시아 상설위원회: 1년에 최소 두 차례 양측의 외무·국방장관이 참석하는 상설 합동위원회 신설.
· 당시 프랑스 대통령 자크 시라크는 "유럽 평화 건설에 새로운 시대를 여는 역사적인 날"이라고 말했다. 클린턴 대통령은 "이 협정은 21세기 평화시대의 서막"이라고 평가했다. 나토 확장에도 별다른 힘이 없던 옐친 러시아 대통령은 "미래를 보장해주는 협정"이라고 말했다.

키려 할 경우 이를 "러시아의 턱밑에 칼을 들이대는 것"으로 여길 것이며 절대 용인할 수 없다고 강하게 경고했다. 이에 나토는 '1인치도 동진하지 않겠다'고 약속했지만 국제 약속은 종잇장에 불과했고 나토는 이 구두 약속을 어기고 야금야금 동진하며 급기야 (푸틴 표현대로) 러시아의 일부인 우크라이나까지 도달하게 된 상황이다. 명분을 찾아나선 러시아는 2021년 12월 중순, 공식 문서 형태의 요구안(안보 보장안, Security Guarantees)을 미국과 나토에 전달한다. 요약하면 다음과 같다.

① 우크라이나에 대한 무기 공급 중단과 서방의 군사 고문, 훈련 교관 전원 철수
② 나토 국가와 우크라이나 정부군의 연합 훈련 금지
③ 우크라이나에 공급한 모든 외국 무기 철수
④ 우크라이나·조지아 등 나토 추가 확장의 명시적 포기
⑤ 구소련 국가 내 나토 군 기지 추가 설치 포기
⑥ 나토 군 자산 1997년 이전 수준으로 복귀

푸틴은 요구가 받아들여지지 않자 결국 전쟁을 선택한다. 전쟁 직전 미국 매체 〈애틀랜틱〉은 '서방의 러시아 외교가 계속 실패하는 이유'라는 기사에서 "이 심각한 상황은 단지 외교의 실패만을 의미하지 않는다. 이 상황은 러시아에 대한 서구 상상력의 실패를 의미하며 한 세대가 넘는 시간 동안 외교관, 정치인, 언론인, 지식인들이 러시아가 어떤 국가가 되려고 했는지 직시하고 이에 대비하길

거부했다는 것을 의미한다. …푸틴의 목표는 평화롭고 번영하는 러시아가 아닌 …자신이 계속해서 지배하는 러시아다"라고 적었다.[65] 설마하던 일이 벌어지자 다양한 분석이 쏟아졌다. 푸틴의 정치적 돌파구를 위한 전형적인 방법이라는 설명부터(주장 1), 푸틴의 역사관과 지정학적 문제가 핵심이고 이를 파악하지 못한 서방이 오히려 빌미를 줬다는 의견(주장 2)까지 다양한 시선이 경쟁적으로 분출했다. 그렇다면, 푸틴의 말들을 어떻게 해석해야 할까. 그의 '진심'은 어디까지일까?

협상을 할 때 상대의 말과 진위 파악이 중요한 이유는 '그의 말에 따르는 제스처'를 취하기 위해서가 아니라, 상대의 의도를 알아야 전쟁과 같은 파국을 막을 수 있기 때문이다. 크림반도 병합, 우크라이나 전쟁과 같은 피비린내 나는 사건들은 언제든 다시 발생할 수 있다.

주장 1의 경우, 러시아 내부 사정과 푸틴의 절박한 정치적 동기가 결정적 영향을 미쳤다고 분석한다. 실제 2020년 본격화된 팬데믹과 이에 따른 경제 위기, 민심 이반이 있었다. 2020~2022년 기준 코로나 사망자 수가 세계 4위를 차지한다는 보도가 이어지는 가운데, 러시아는 코로나19 확산으로 심각한 의료체계 위기를 겪고 있었다. 더불어 2014년 이후 계속된 국제 제재로 인한 경제 위축에 더해, 2020년 초 유가 폭락 등이 이어지면서 실질소득이 7년째 감소하는 상황이었다. 정치적으로는 2020년 7월 헌법 개정을 통해 푸

---

65 Anne Applebaum, "Why the West's Diplomacy With Russia Keeps Failing", The Atlantic, 2022.2.12

   동맹이라는 거짓말

틴이 최대 2036년까지 집권할 수 있도록 하자, 야권을 중심으로 비판이 더욱 거세졌다. 정적을 물리적으로 제거해왔다는 의심을 받아온 푸틴은 2020년 8월, 야권 지도자 알렉세이 나발니 독살 미수 사건으로 다시 한번 집중 조명을 받게 되고, 이 의혹 제기에 'CIA 조작설'로 응수하는 등 위기가 계속됐다(2014년 크림반도 병합 당시에도 유사한 내러티브가 있었다).

반면, 주장 2는 현실주의적이다. 현실주의자들은 러시아의 선택을 지정학적 배경과 힘의 균형 맥락에서 설명한다. 이미 크림반도 병합 때부터 나온 주장으로 당시 가장 도발적인 분석을 제공한 이는 공세적 현실주의자로 분류되는 미어샤이머(John J. Mearsheimer)였다. 글의 제목부터 '우크라이나 위기는 왜 서방의 책임인가'(2014)다.[66] 그는 우크라이나 위기의 근본 원인으로 나토 확대, 유럽연합 동진, 그리고 서방이 우크라이나 친서방 정권과 민주화 운동을 지원한 데 있다고 주장했다. 2014년 미어샤이머의 주장을 들어보자.

> "유럽연합의 동진 확대와 서방의 우크라이나 민주화 운동 지원(2004년 오렌지 혁명으로 시작) 역시 중요한 요인이었다. 1990년대 중반부터 러시아 지도부는 나토 확장을 강력히 반대해 왔으며, 최근 몇 년간 전략적으로 중요한 이웃 국가가 서방의 거점으로 변모하는 것을 방관하지 않겠다는 입장을 분명히 해왔다. 푸틴에게 있어 우크라이나의 민주적으로 선

---

66 John J. Mearsheimer, "Why the Ukraine Crisis Is the West's Fault: The Liberal Delusions That Provoked Putin", Foreign Affairs, 2014. 8.18.

출된 친러시아 대통령을 불법적으로 전복한 사건—그가 정당하게 '쿠데타'라고 규정한—은 마지막 방아쇠였다. … 푸틴의 반발은 전혀 놀랄 일이 아니었다. 결국 서방은 러시아의 뒷마당으로 침투해 핵심 전략적 이익을 위협해 왔으며 푸틴은 이 점을 거듭 강조해 왔다. 미국과 유럽의 엘리트들이 일련의 사건에 당황한 것은 오직 그들이 국제 정치에 대한 잘못된 관점을 고수했기 때문이다. 그들은 현실주의 논리가 21세기에는 거의 관련성이 없다고 믿는 경향이 있으며 법치·경제적 상호의존성·민주주의와 같은 자유주의 원칙을 바탕으로 유럽을 통합되고 자유로운 상태로 유지할 수 있다고 생각한다. 그러나 이 거대한 구상은 우크라이나에서 빗나갔다. 그곳의 위기는 현실정치(realpolitik)가 여전히 유효함을 보여주며 이를 무시하는 국가들은 스스로 위험을 자초한다는 점을 드러냈다. 미국과 유럽 지도자들은 우크라이나를 러시아 국경의 서방 거점으로 만들려다 실수를 저질렀다."[67]

예상대로 격렬한 반박이 쏟아졌다. 당시 미어샤이머의 글을 읽고 흥분한 사람 중 한 명은 마이클 맥폴(Michael McFaul)로, 그는 오바마 정부에서 국가안보회의(NSC) 러시아·유라시아 담당 선임국장(2009~2012년)과 주러시아 미국 대사(2012~2014년) 등 고위직에 있었다. 그는 "잘못된 권력: 우크라이나 위기를 누가 시작했는가?"라

---

67 John J. Mearsheimer, 앞의 글.

는 〈포린어페어스〉의 칼럼에서 "현실주의자들은 오바마 정부 시절 러시아와의 해빙, 윈-윈 정책을 설명하지 못한다"며 미어샤이머의 분석을 정면으로 반박한다. 참고로 푸틴의 후임 드미트리 메드베데프 대통령은 2008년 5월에서 2012년 5월까지 집권했고, 이후 푸틴이 다시 대통령 자리에 올랐다. 오바마 1기 행정부 시기 상대는 대통령 메드베데프, 2기 때는 대통령 푸틴이었다. 물론 4년 동안 '총리 푸틴'은 실권을 행사했다. 맥폴의 말을 들어보자.

"러시아의 외교정책은 미국의 정책에 대응해 더욱 공격적으로 변한 것이 아니라, 러시아 내부 정치 역학의 결과로 변화했다. 이러한 전환은 푸틴과 그의 정권이 사상 처음으로 공격을 받기 시작하면서 시작됐다. 푸틴이 세 번째 대통령 출마를 선언한 후 러시아는 2011년 12월 이전 선거와 마찬가지로 부정으로 얼룩진 의회 선거를 실시했다. 그러나 이번에는 스마트폰, 트위터, 페이스북, 러시아 소셜 네트워크 브콘탁테(VKontakte) 등 신기술과 소셜 미디어가 정부의 부정 행위를 폭로하고 소련 말기 이후 볼 수 없었던 규모의 시위를 촉발하는 데 기여했다. …푸틴은 시위자들의 배은망덕함을 경멸했다. 그는 그들을 두려워하기도 했다. 특히 동유럽의 '색깔 혁명(특히 2004년 우크라이나 오렌지 혁명)'과 '아랍의 봄'(2011) 이후에 더욱 그러했다. 푸틴은 자신의 선거 기반을 동원하고 야당의 신뢰도를 떨어뜨리기 위해 미국을 적으로 재포장했다. 갑자기 국영 매체들은 미국이 러시아 내부를 교란시키고 있다고 묘사하기 시작했다. …2012년 5월 푸틴이 취임할 무렵 그의 연설이나 러시아 텔레비전을 가볍게 지켜본 사람조차 냉전이 다시 시작된 줄 알았을 것이다."[68]

돌아보면 2014년의 논쟁과 8년 뒤 벌어진 우크라이나 전쟁에 대한 논쟁은 놀랍도록 유사하다. 러시아, 정확히는 푸틴의 의도와 내심을 바라보는 시각 차는 화해하기 어려운 간극을 보인다. 일례로, 미어샤이머는 2022년 이후에도 여전히 동일한 입장을 유지하며 '우크라이나의 중립국화', '점령당한 우크라이나 동부 영토의 양보', '군비 축소' 등을 주장한다(2025). 너무 오래 지속되고 있는 비극을 끝낼 수 있는 유일하고 현실적인 방법이라는 주장이다. 실제 우크라이나 인구는 '소멸' 수준이다.[69] 반면, 한 번의 양보는 더 많은 양보를 하게 만든다는 주장도 만만치 않다. 전쟁을 통해 승리를 맛본 푸틴이 과거 러시아 영향권에 있었던 발트 3국, 폴란드 등을 타깃으로 또 다른 전쟁을 일으킬 수 있기 때문이다. 언제든 러시아인 탄압 등을 명분으로 특수작전, 즉 침략 구실을 만들 수 있다.

전쟁이 장기화되자 경합하는 주장과 의견들 속에서 영토 싸움, 정치적 시선 돌리기 등의 수준을 넘어 이제는 역사 전쟁, 정체성 전쟁, 지정학적 배경의 시각이 힘을 받는 분위기다. 서문에서 언급

---

68 Michael McFaul, Stephen Sestanovich, and John Mearsheimer, "Faulty Powers: Who Started the Ukraine Crisis?", Foreign Affairs, 2024.10.17.

69 우크라이나의 저명한 인구학자 엘라 리바노바(Ella Libanova)에 따르면, 전쟁으로 인한 사망과 이주, 이민 등으로 인구는 3,150만 명 수준으로 줄었다(전쟁 이후 1,000만 명 이상 감소). 특히 전쟁이 끝나더라도 이민 간 여성과 아이들이 복귀할 가능성이 낮고, 남성들도 가족을 찾아 역이민을 택하게 된다면 과거 수준의 인구 구조는 불가능할 것이라고 경고했다.

  동맹이라는 거짓말

한 '카오스 이론'을 비판적으로 설명한 정치분석가 안톤 바르바신 (Anton Barbashin)은 "2014년 이후 러시아 외교사상가들의 핵심 과제는 크림반도 병합과 국제법·기존 의무 위반을 개념적으로 정당화하는 것이었는데, 이는 성공적으로 해결됐다"고 꼬집는다. 카오스 이론의 맥락에서 전쟁은 "러시아나 푸틴의 잘못이 아니다. 세계적 혼돈이 기존 규칙과 질서를 파괴한 결과일 뿐이다. 나아가, 기존 체제 붕괴의 불가역성을 가장 먼저 인식한 자가 새로운 질서를 구축하는 데 전략적 우위를 차지한다고 이들은 주장한다"고 전하고 있다.[70] 친푸틴 이데올로그들은 언젠가 국제사회가 이 '카오스'를 있는 그대로 인정하고 러시아에 대한 제재 또한 해제할 것이라고 확신하고 있다. 그리고 다름 아닌 미국의 대통령이 이 같은 러시아의 계획을 대신 수행해 주고 있는 형국이다.

러시아 출신 저명한 정치분석가인 안드레이 콜레스니코프 (Andrei Kolesnikov)는 4년째가 되는 2026년 1월 푸틴의 전쟁에 대한 명료한 분석을 시도한다.[71] 첫째, 푸틴은 전쟁을 '선택'했다. 둘째, 전쟁은 더 이상 일시적 군사 행위가 아닌 국가 전략이다. 셋째, 미국의 평화 중재 노력 자체가 전쟁에 정당성을 부여한다. 안드레이는 무엇보다 소모적 전쟁을 멈추지 않는 이유에 대해 이제 영토 보유가 권력의 척도가 됐고 러시아 경제는 완벽히 전시 경제에 적응 중이며, 애국주의 선전 및 서방에 대한 적대감 주입 등으로 국민들

---

70 Какая стратегия у России во внешней политике? Ответ простой — хаос Антон Барба шин (Riddle Russia) анализирует российскую «Теорию хаоса», которая пришла на сме ну многополярному миру

71 Andrei Kolesnikov, "Why Putin Still Prefers War", Foreign Affairs, 2026.1.13

도 전쟁을 지지한다는 점을 지적한다. 그는 이제 '러시아에서 전쟁 반대는 곧 국가에 반역하는 것과 동일시되고 있다'면서 전쟁 상황 자체가 푸틴의 전략이자 일상이 되고 있다고 분석한다.

현재까지 러시아의 반발은 지정학적 측면에서 어느 정도 예견된 일이었다는 주장과, 내부 정치적 문제를 해소하기 위한 방편으로 전쟁을 선택했다는 주장 모두 (정도는 다르지만) 유효하다. 소련 붕괴를 '20세기 최대의 지정학적 재앙'이라고 강조한 푸틴의 도발 뒤에는 러시아 제국 시절의 영화를 되찾겠다는 욕망도 내재돼 있다.

미국 중재로 러시아와 우크라이나는 2025년 12월부터 평화 협상(The 28-Point Draft Peace Proposal)을 본격적으로 시도했지만 초기 내용은 러시아 측 요구를 거의 일방적으로 수용한 내용이었다. 나토 가입 포기, 우크라이나 비군사화, 러시아 측이 점령한 영토 포기 등 우크라이나 입장에서 받아들일 수 없는 내용들이 가득했다. 일부 내용이 수정돼 20개 안으로 축소됐고 지루한 협상이 다시 이어졌다. 이런 형태의 평화 협정을 두고 1938년 네빌 체임벌린-히틀러 간 '뮌헨 협정'에 비유하기도 한다. 푸틴의 정치적 승리는 향후 또 다른 전쟁 가능성의 여지를 남겨두고 있어 위험하다. 러시아의 승리는 곧 서방의 실패와 한 쌍이다. 2026년 현재, 트럼프 정부의 정책 방향 혹은 결정은 '현실적 결론' 대 '푸틴에 대한 굴복'이라는 영원한 논쟁거리를 만들고 있다.[72]

---

72 Steven Pifer, "Russia-Ukraine after three years of large-scale war", Brookings, 2025.2.9.

국제정치의 민낯

전쟁은 인간의 본성과 국제 정치의 속살을 노골적으로 드러낸다. 우크라이나 전쟁도 마찬가지다. 미국·유럽이 보여준 무기력과 무능, 80여 년간 구축된 국제 질서의 허약함, 글로벌 사우스의 부상, 한반도에 보내는 경고 등 여러 각도에서 의미를 짚어볼 필요가 있다.

먼저 우크라이나 전쟁의 가장 큰 시사점은 미국과 유럽의 무기력함이 그대로 드러났다는 점이다. 제2차 세계대전 이후 비교적 잠잠하던 유럽에서 전쟁이라는 물리적 싸움이 거의 4년이나 이어지면서 노출된 서방의 딜레마, 여기서 비롯된 무력감이다. 바이든 정부와 유럽(나토)은 이 전쟁을 다만 '확대시키지 않기 위해' 안간힘을 써왔다. 무기 지원을 하면서도 오로지 '방어용'임을 강조하고 러시아 본토 공격을 반대했다. 2024년 8월 서방 우려에도 불구하고 우크라이나는 러시아의 쿠르스크 지역을 기습 공격했지만, 공방을 벌이다 북한 파병까지 이어지면서 별다른 성과를 거두지 못하고 퇴각했다. 특히 2025년 1월 시작된 트럼프 2기 행정부는 젤렌스키 대통령을 공개적으로 모욕(2025.2.28)하고 군사 및 정보 지원을 일시 중단하며 약탈적인 경제 협정을 강요한 반면, 푸틴에게는 손을 내밀며 급기야 전쟁 발발 3년 만에 정상회담 자리까지 만들었다(2025. 8.15 알래스카, 트럼프-푸틴 정상회담).

러시아의 움직임을 보면 자유주의에 대한 믿음이 얼마나 허망한지 깨닫게 된다. 예를 들어, 경제적 상호의존성이 강화되면 전쟁 가능성을 낮출 수 있다는 인류의 믿음 말이다. 2014년 크림반도 병합 이후 국제사회로부터 상당한 경제 제재를 받은 러시아는 언제든

지 국제사회에서 퇴출될 수 있음을 실감하고 자립의 길을 모색했다. 고립에 대한 내성을 길렀고, 2022년 이후 전시 경제라는 비정상적인 상황에서 어쨌든 버티고 있다.[73] 소모전을 이어가며 스스로를 파괴하면서도 전쟁을 유지하는 것은 상호의존론 등으로 도저히 설명되지 않는다. 소위 '합리성'의 정의와 그 기준을 어디에 둬야 할지조차 헷갈리는 지경이다. 경제 피해, 국내 비판 여론, 국가 위상(평판) 등을 기준으로 보면 철저히 비이성적이고 불합리하다. 하지만 지도자의 권력 유지, 자존심, 개별 국가의 공포(세력 균형과 위협 인식) 맥락에서 본다면 합리적이다.

우크라이나 전쟁을 통해 확인된 두 번째 중요한 의미는 침묵 혹은 중립을 지키는 듯했던 글로벌 사우스의 내심을 확인했다는 점이다. 실리와 자율성을 강조하는 이 국가들은 브릭스, 상하이경제협력기구 등 다양한 형태로 연대하고 있다. 인도가 주도하는 제1차 글로벌 사우스 보이스 정상회의(Voice of the Global South Summit, 2023)에는[74] 총 125개 개발도상국이 참석했고, 2024년 제3차 정상회의에도 123개국이 참여하는 등 상호간 정치적 경제적 연대를 확대하고 있다.

과거 서구 제국주의 침탈로 고통받았던 아프리카, 아시아, 남미 등 많은 국가들에 서방이나 러시아는 '똑같이 나쁜 놈'들이다. 오

73　러시아 실질 GDP 성장률은 마이너스(2022, −2.0% 안팎)에 이어 2023~2024년 3%대로 회복됐다. 같은 시기 세계 경제는 3%대, 미국 경제는 2%대 성장률을 기록했다.

74　중국과 인도는 글로벌 사우스 내 주도권 싸움을 벌이고 있다. 2023년 회의를 주재한 인도는 외교의 주요 원칙으로 상호 영토와 주권에 대한 존중, 상호 불가침, 내정 불간섭, 평등과 상호 이익, 평화로운 공존[평화공존 5원칙(Panchsheel Principles)], 원조 수원국으로서의 경험 및 비동맹운동 등을 강조한다.

히려 인권 강의 대신 도로를 깔아주고 자원을 주는 러시아나 중국이 심정적으로는 더 가까울 수 있다. 실제 유엔에서 드러난 국제사회 균열, 글로벌 사우스의 방어적 불만 표시들은 숫자로 확인됐다. 2022년 3월부터 2023년 2월까지 유엔 총회에서 여섯 건의 결의안이 표결에 부쳐졌고 결과는 다음과 같다.

① 첫 번째 결의안 A/RES/ES-11/1: 러시아의 우크라이나 침공과 핵 위협을 직접 규탄하는 내용으로, 141개국 찬성, 5개국 반대, 35개국 기권 그리고 12개국이 투표하지 않았다.

② 두 번째 결의안 A/RES/ES-11/2: 민간인 공격을 규탄하고 러시아의 침략 중단을 요구하는 내용으로 140개국 찬성, 5개국 반대, 38개국 기권 그리고 10개국이 투표하지 않았다.

③ 세 번째 결의안 A/RES/ES-11/3: 러시아의 인권이사회 회원국 자격을 정지하는 내용으로, 93개국 찬성, 24개국 반대, 58개국 기권 그리고 18개국이 투표하지 않았다.

④ 네 번째 결의안 A/RES/ES-11/4: 러시아의 우크라이나 네 개 지역 병합을 거부하고 국제사회에 이를 인정하지 말 것을 촉구하는 내용으로 143개국 찬성, 5개국 반대, 35개국 기권 그리고 10개국이 투표하지 않았다.

⑤ 다섯 번째 결의안 A/RES/ES-11/5: 러시아의 불법 행위로 인한 우크라이나의 피해 및 손실에 관한 기록을 작성하여 향후 러시아가 지급할 배상금의 근거로 삼을 것을 권고하는 내용으로 94개국 찬성, 14개국 반대, 73개국 기권 그리고 12개

국이 투표하지 않았다.

⑥ 여섯 번째 결의안 A/RES/ES-11/6: 군사 작전 중단과 러시아의 우크라이나 완전 철수를 요구하며 유엔 헌장에 근거한 기타 요구사항을 통해 "우크라이나 내 포괄적이고 공정하며 지속적인 평화" 구축을 촉구하는 내용으로 141개국 찬성, 7개국 반대, 32개국 기권, 그리고 13개국이 투표하지 않았다.[75]

이 같은 결과는 러시아에 대해 압도적 제재와 일방적 비판을 기대했던 서방 국가들에게는 당혹 그 자체였다. 193개 유엔 회원국 가운데 약 4분의 1이 기권 내지 불투표 방식으로 소극적 저항을 했던 것이다. 미국 국제안보 전문가인 애슐리 J. 텔리스(Ashley J. Tellis)는 "러시아가 이웃 국가 침공이라는 용납할 수 없는 선을 노골적으로 넘어서자 대다수가 러시아를 규탄하는 표를 던졌음에도 불구하고 서방의 주권 침해에 대한 위선[76], 글로벌 노스(선진국, Global North)의 글로벌 사우스(개발도상국) 개발 과제 무관심, 글로벌 거버넌스 최고 의사결정 기구에서의 대표성 불균형에 대한 불만 등 많은 문제가 남아 있다"며 이런 흐름이 미국의 노력을 무력화시키고 있다고 지적했다.[77]

---

75 Ashley J. Tellis, "Inevitable Fractures: The Ukraine War and the Global System", 2024.5.13.

76 2003년 미국은 이라크를 침공했지만 어떠한 처벌도 받지 않았다. 당시 유엔 사무총장 코피 아난은 '엄격하게는 불법적 행동'이었다고 규정했다.

77 Ashley J. Tellis, 같은 글

  동맹이라는 거짓말

자유주의를 대표하는 존 아이켄베리는 2024년 1월 한 학술지[78]에서 러시아의 우크라이나 침공이 초래한 수많은 영향 중 가장 중대한 것은 세계를 '세 개의 세계(Three World)', 즉 글로벌 웨스트, 글로벌 이스트, 글로벌 사우스로 몰아간 것일 수 있다고 논평한다. 미국과 유럽이 주도하는 웨스트, 중국과 러시아가 주도하는 이스트, 비서구 개발도상국이라는 다소 불분명한 집단이 이끄는 사우스 등이다. 아이켄베리는 이들 집단이 특정한 블록이나 일관된 협상 집단이 아니라 느슨하고, 또 진화하는 글로벌 세력이라고 분석한다. 그는 "향후 수십 년간 글로벌 웨스트가 세계 질서의 중심에 머물기 위해서는 글로벌 이스트와 글로벌 사우스를 모두 수용하고, 보다 다원적인 세계에 적응해야 할 것"이라고 주장했다. 크게 보면 미국-중국의 싸움과 이를 관망하는 자세로 지켜보는 글로벌 사우스의 선택이 향후 힘의 균형 혹은 국제 질서에 영향을 미칠 것이라는 전망이다.[79]

세 번째 의미는, 우크라이나 전쟁이 한반도에 던지는 교훈이다. 특히 남북한은 완전히 다른 각도에서 중대한 질문을 던져야 한다.

북한은, '핵을 포기한 뒤 침공당한 우크라이나' 상황을 어떻게 해석할 것인가? 반면 한국은, 카드가 없다(You don't have the cards)며 젤렌스키를 공개 모욕한 미국을 어떻게 신뢰할 수 있을까? 한반도에 전쟁이라는 참극이 다시 발생한다면 과연 미국은 어떤 입장을

---

78 G. John Ikenberry, "Three Worlds: the West, East and South and the Competition to Shape Global Order", International Affairs, Vol. 100, Issue 1, 2024.1

79 위의 칼럼

보일 것인가?

먼저 북한은 핵 개발을 포기하거나 중단한 리비아, 이라크 등이 공격당한 사건들을 지적하며 핵을 절대적 생존의 문제로 보고 있다. 그나마 탈출구로 모색했던 트럼프와의 회담(2019년 하노이 정상회담)이 허망하게 끝난 뒤 핵에 대한 의지는 더욱 커졌고, 이후 발생한 우크라이나 전쟁을 바라보며 핵은 생존이라는 스스로의 공식을 더더욱 확고히 새기고 있다. 북한은 핵 개발을 포기하거나 핵이 없는 국가들의 '말로'가 바로 리비아 카타피, 이라크 사담 후세인의 최후라고 주장한다. 이제 2025년 미국·이스라엘이 함께 공습한 이란(핵시설)까지 북한이 명분으로 내세울 리스트는 더 길어졌다.

앞서 2003년 이라크 침공 당시 북한은 〈노동신문〉을 통해 다음과 같이 밝혔다. "미국이 평화수호와 안전보장에 대하여 떠들 때면 항상 세계 평화와 안전이 위협당하거나 파괴되는 현상이 일어나곤 한다"면서 "미제의 반 이라크 전쟁으로 인하여 세계의 평화와 안정은 매우 위태로워지고 있다"고 밝혔다.(2003.05.13) 이어 미제는 이번 이라크전쟁을 끝낸 후 새로운 전쟁의 화살을 조선에로 날리려 하고 있다"고 밝혔다. 부시 대통령의 "악의 축(이란, 이라크, 북한)" 발언 후 이라크가 공격당하자 극도로 경계감을 표한 것이다. 3년 뒤인 2006년 10월, 북한은 첫 핵실험에 돌입한다.

오바마 행정부 시기였던 2014년 6월 16일 〈노동신문〉은 '핵 억제력은 정치적 흥정물이 아니'라며 다음과 같이 밝힌다. "미국과 그 추종세력들이 국제무대에서 마치 조선반도의 비핵화에 관심이라도 있는 듯이 소동을 피우는 것은 전쟁 억제력을 더욱 강화하는 우리에게서 양보나 타협을 바라는 어리석은 술책"이라고 비난하고, 핵개발을 포기한 리비아의 2011년 민주화 시위 등을 거론하며 "적대 세력들은 조선이 결코 이라크나 리비아가 아니라는 것을 똑바로 알아야 할 것"이라고 강조했다.

2018년 트럼프와 1차 정상회담을 앞두고 외무성 제1부상 김계관은 담화를 통해 기존 입장을 재확인한다.

"국가안보보좌관 볼턴을 비롯한 백악관과 국무성의 고위관리들은 '선 핵포기, 후 보상' 방식을 내돌리면서 그 무슨 리비아 핵포기 방식이니, '완전하고 검증 가능하며 되돌릴 수 없는 비핵화'니, '핵·미사일·생화학무기의 완전 폐기'니 하는 주장들을 거리낌 없이 쏟아내고 있다. …본질에 있어서 대국들에 나라를 통째로 내맡기고 붕괴된 리비아나 이라크의 운명을 존엄 높은 우리 국가에 강요하려는 심히 불순한 기도(시도)의 발현이다. 나는 미국의 이러한 처사에 격분을 금할 수 없으며 과연 미국이 진정으로 건전한 대화와 협상을 통하여 조-미 관계 개선을 바라고 있는가에 대하여 의심하게 된다. 핵 개발의 초기 단계에 있었던 리비아를 핵보유국인 우리 국가와 대비하는 것 자체가 아둔하기 짝이 없다."

이제는 우크라이나다. 우크라이나는 소련 붕괴 직후 러시아와 미국에 이어 세계에서 셋째로 많은 핵무기 보유국이었다. 중거리 핵 미사일과 ICBM(대륙간탄도미사일)에 탑재 가능한 전략 핵탄두 수가 1,700개 이상이었고, 중·단거리 미사일과 전략 폭격기용 전술 핵무기도 최소 2,000개 이상 보유한 것으로 평가됐다. 유럽 최대 규모의 원전 시설에 기반한 자체 핵무기 제조 시설도 있었다. 하지만 소련 붕괴라는 충격파 이후 경제·사회적 혼란이 심해졌고 이는 '관리 밖에 있는 핵무기'가 테러 집단으로 이전되는 상황까지 우려하게 만들었다. 무엇보다 당장 코앞에 닥친 심각한 경제난으로 핵무기를 관리할 수 있는 능력도 없었다. 여러 가지 이유로 우크라이나는 1994년 소련 시절 배치된 모든 핵무기를 러시아에 넘겨 폐기하는 대신 영토와 안전 보장을 약속받는 내용의 '부다페스트 양해각서(memorandum)'에 서명했고 핵보유국인 러시아·미국·영국도 함께 서명했다. 당초 구속력 있는 형식의 '조약'을 원했지만, 강대국들은 약속 이행에 부담을 느껴 양해각서로 '봉합'했다. 2025년 6월 핵 시설을 공습당한 이란의 경우는 또 어떤가?

> "이란이 핵 보유국 문턱에서 좌절한 것은 미국의 또 다른 적국인 북한의 전략이 옳았음을 입증한다. …핵 확산을 꾀하는 국가들에게 이 교훈은 위험할 정도로 명백하다—핵무기 획득을 미루지 말고, 강대국들이 공격할 것이라 가정하며, 외교적 해결이 가능할 거라 믿지 말라는 것이다. 즉, 하메네이가 아닌 김정은처럼 행동하라는 것이다."[80]

---

80 Vipin Narang and Pranay Vaddi, "The North Korean Way of Proliferation: What Aspiring Nuclear Powers Learned From Israel's Strikes on Iran", Foreign Affairs, 2025. 9. 5.

                                                동맹이라는 거짓말

북핵 문제 해결이 '불가능'하다는 점을 강조하려는 것은 아니다. 핵을 생존 문제로 보는 북한이 상당히 강력한 언어로 자신들의 입장을 주장하고 난 뒤 잊지 않는 요구사항은 바로 '안보 문제 해결', '평화보장체계 수립'이다. 거꾸로 얘기하면 안보 문제가 해결된다면 핵을 포기할 수 있다는 것이다(이 문제는 북한 핵 챕터에서 자세히 서술하겠다). 요약하면, 북한에 우크라이나 전쟁은 리비아, 이라크와 같은 맥락에서 해석될 여지가 상당하다. 핵을 포기한 나라들은 침공당했다는 논리다.

한국 입장에서도 최악의 시나리오를 생각해야 한다. 백악관을 방문한 젤렌스키를 두고 트럼프와 벤스 부통령이 공개 모욕하는 장면은 말 그대로 충격이었다. 전 세계 언론이 보는 앞에서 공개적·의도적으로 망신을 준 것이다. 지정학적 배경은 다르지만 안보는 항상 최악을 가정해야 한다. 트럼프 행정부는 물론이고 그 이후 들어설 미국 행정부로부터 과연 한국은 핵 우산, 안전 보장을 확신할 수 있는 것일까? 국제 질서에서 누군가를 믿는다는 건 바보 같은 일이다. 국제 관계는 늘 배신의 역사였다. 스스로 국방을 책임지지 않은 채 한국이 제2의 우크라이나가 됐을 때 어떤 상황에 처하게 될지 심각하게 고민해야 한다.

이 문제는 4장에서 좀 더 자세히 논의할 예정이다.

미―중 신냉전?

"부시 정부가 집권했던 지난 7년 동안의 정책은 중국으로 하여금 미국의 최대 채권자가 되게 했고 중국의 철강이 미국에 수출되고 미국의 일자리가 중국으로 넘어가게끔 했지만 결국 미국이 얻은 것은 독이 들어 있는 생선과 장난감이었다."[81]

— 민주당 힐러리 클린턴 후보, 워싱턴 선거유세(2008.2)

4년마다 찾아오는 미국 대선에서 중국은 동네북이 된 지 오래다. 이미 2000년대부터 시작됐고 2010년 이후 본격화됐다. 트럼프와 바이든이 맞붙은 2020년 대선도 마찬가지였다. 선명성 경쟁이라도 하듯 도전자이자 위협인 중국을 견제하기 위한 각종 정책, 주장, 선동들이 양당에서 난무했다. 바이든 행정부에서 국가안보보좌관, 국무장관으로 각각 발탁된 제이크 설리번(Jake Sullivan)과 토니 블링컨(Antony J. Blinken)은 이미 수년 전부터 각종 기고와 연설 등을 통해 '중국이 얼마나 미국을 속이고 착취해 왔는지' 울분을 토해 냈다. 정치인, 외교전문가들의 글들을 읽다 보면 "가난하고 병들어 있던 중국을 세계무역기구라는 질서 안으로 견인하고 발전을 도왔지만 정작 돌아온 보답은 막대한 대중 무역 적자, 기술 탈취, (감히) 군사력 강화였다"는 분노와 후회가 고스란히 전해진다. 감정적으

---

81 Hillary Clinton, "Clinton Touts Foreign Policy Experience, Criticizes Obama During GW Speech", CBS News, 2008.2.25.

　　　　　　　　　　　　　　　　　　　　　동맹이라는 거짓말

로는 배은망덕이고, 실질적으로는 중국 성장을 도운 미국이 스스로 발등을 찍었다는 회한이 서려 있다.

미국은 중국이 '자본주의'로 포섭되면 자연스럽게 공산당 체제라는 낡은 옷을 벗어버리고 자유주의, 민주주의 시스템 등 서방의 이념과 질서를 받아들이며 서서히 변모하고 전환할 것이라고 기대했지만 결과는 듣도 보도 못한 '중국식 자본주의'와 물적 성장에 기반해 오히려 공고해진 공산당 체제였다.

> "한 국가가 자신의 안보를 강화하기 위해 사용하는 많은 수단은 다른 국가들의 안보를 감소시킨다. 한 국가의 안보 증진은 종종 타국의 안보 상실을 의미하기 때문에, 각국이 자국의 안보를 높이려는 시도는 결국 모두를 더 큰 불안정성으로 몰아넣는 결과를 초래할 수 있다(Many of the means by which a state tries to increase its security decrease the security of others. Because one state's gain in security often means a loss of security for others, each state's attempt to increase its own security can lead to greater insecurity all around)."
>
> — 로버트 저비스(Robert Jervis, 1978)

한 국가가 패권국이 되는 전제 조건은 압도적인 군사력이다. 군사력은 경제력 없이는 완성되지 못한다. 따라서 한 나라가 패권국이 될 가능성 혹은 극성(極性, polarity)을 가질 잠재력이 있는지 파악하기 위해 군사력을 확인하는 것은 간편한 척도가 된다. 현재 중국은 무서운 속도로 국방력을 증강시키고 있다.[82] 중국은 모든 국가가 그렇듯 자국 방어를 위해 자연스럽고도 불가피하게 국방력을 증강시키는 것이며 어떠한 공격적 의도가 없다고 주장한다. 하지만 지켜보는 미국은 당연히 이런 움직임에 적대적일 수밖에 없다. 미국과 중국은 정확히 '안보 딜레마'에 처해 있다. 안보 딜레마의 핵심은 '한 국가가 자국의 안보를 강화하려는 조치가 결과적으로 다른 국가의 안보를 약화시킨다는 것'이다.[83] 상대방의 의도를 정확히 알 수 없는 혹은 충분히 오해가 가능한 상황은 패권국과 도전국 사이에 놓인 운명이기도 하다. 전술했듯, 러시아가 나토의 동진을 바라보는 시각과 비슷한 맥락이다. 내가 아무리 아니라고 부인해도 해석하는 것은 상대의 몫이고 상대방의 '해석'이 결국 향방을 가른다.

먼저 미국이 중국을 바라보는 시각이 어떻게 변화해 왔는지 대략 살펴보자.

미국이 중국이라는 존재를 '위협'으로 인식하기 시작한 시기는 오바마 행정부 때다. 2008년 글로벌 금융위기 해결이라는 극한의 숙제를 떠안고 시작한 오바마 정부는 '채권자' 중국을 만나 협력을 이끌어 내야 했다. 이전까지 수십 년간은 서방·백인 중심의 G7 국

---

82 미국은 여전히 세계 최대 군사비 지출국이다. 2024년 미국의 군사비 지출액은 9,970억 달러로, 2위인 중국의 군사비보다 3.2배 더 많았다[스톡홀름 국제평화연구소(SIPRI), 2025]. 그럼에도 중국의 군사비 지출 확대 비율은 상당하다. 중국 공식 국방 예산은 2025년 약 2,470억 달러에 달했으나 정부 발표 수치는 실제 지출을 과소평가한 것이다. 스톡홀름 국제평화연구소는 2024년 중국의 실제 국방비 지출을 약 3,180억 달러로 추정했으며, 다른 연구에서는 이를 4,710억 달러로 더 높게 평가했다. 정확한 수치가 무엇이든 중국 국방 예산의 규모와 증가는 장비, 유지보수, 인력, 훈련에 대한 광범위한 투자를 가능케 했다.(CSIS, 'China's Military in 10 Charts', 2025.9)

83 Robert Jervis, "Cooperation Under the Security Dilemma", World Politics, Vol. 30, No. 2 (1978.01)

가들끼리[84] 모여서 부와 우월성을 자만하는 파티만 즐기면 됐지만, 금융위기 이후 즉각 G20으로 확대되야 했고 그 중심에 어느덧 덩치가 커진 중국이 자리했다. 미국과 중국을 의미하는 'G2'라는 용어가 언론에서 본격적으로 쓰이기 시작한 것도 이 무렵이다.

오바마 정부 당시인 2015년 국가전략 최상위 문서인 국가안보전략(NSS)은 중국을 '글로벌 안보·경제 문제의 핵심 파트너'로 규정했다. 이때까지는 미-중 관계를 '협력적 경쟁' 관계로 평가하면서 경제 협력을 강화하는 동시에 군사 현대화와 사이버 문제에 대해서는 경계할 것을 강조하는 내용이었다.

트럼프 행정부 시기인 2017년 NSS는 중국을 '국제 질서 변화를 추구하는 경쟁자(competitor)'로 규정하며 이전에 비해 대결적 성격을 강조한다. 특히 불공정 무역 관행에 대한 관세 부과 및 기술 이전 제한 등 경제적 대응 카드를 마련해야 한다고 강조했다. 안보 분야에서는 인도-태평양 전략을 강화했고 이런 맥락에서 미국-일본-호주-인도가 회원국인 쿼드 협의체를 활성화시켰다. 특히 중국을 러시아와 동급의 수정주의 세력(revisionist power)으로 분류하며 스물세 차례나 언급하는 등 공개적으로 견제 의지를 밝혔다.

바이든 정부(민주당)에서도 대중국 정책은 트럼프의 기조가 그

---

84 G7은 1970년대 국제사회가 세계경제의 위기를 대처하는 과정에서 출범했다. 세계경제는 브레턴우즈 체제 붕괴, 1973년 1차 석유파동을 겪으면서 통화가치 팽창, 저성장으로 인한 스태그플레이션, 경기후퇴, 보호무역주의 대두 등 어려운 상황에 직면했었다.
*브레턴우즈 체제(Bretton Woods system)는 국제적인 통화제도 협정으로 1944년 미국 뉴햄프셔주 브레턴우즈에서 탄생했다. 미국 달러화를 기축통화로 하는 금환본위제도, 고정환율 제도 등을 골자로 한다.(외교부 자료집)

대로 유지되거나 오히려 강화됐다.[85] 중국을 '전략적 경쟁자'로 규정한 바이든 정부는 3대 핵심문서 중 하나인 국가방위전략(NDS 2022)에서 "가장 중요한 전략적 도전(The most consequential strategic competitor)", "PLA는 빠르게 현대화하며 미국·인도·태평양 이익에 위협을 가하는 능력을 추구", "대만해협을 압박하며 역내 현상변경 시도 중" 등으로 설명했다. NSS에서는 경제, 기술 제재 등이 주요하게 언급됐고, 실제 미 정부는 2022년 10월 중국에 반도체 관련 기술 이전, 협력 등 광범위한 수출 통제를 발표하는 등 직접 행동에 나선다. 바이든 정부는 중국과 무역, 공급망, 기술 등 분야에서 전방위적으로 대립하며 디커플링을 추구하는 한편, 인권 문제를 지속적으로 제기해 잦은 충돌이 이어졌다.

한편 중국은 미국에 대해 어떤 인식을 갖고 있을까. 2017년 시진핑 주석의 '100년 만의 대격변(百年大變局)' 발언 이후 인식의 흐름은 명확하다. 특히 2017년은 트럼프 행정부가 출범한 해로 100년 만의 대격변이라는 한마디는 미-중 간의 전략적 경쟁 심화, 패권국으로서의 미국 위상 약화, 다극 체제로의 변화 등을 암시했다.

앞서 언급한 2019년, 2022년 주요 문서들에서도 대미 인식은 뚜렷하다. 2019년 국방백서(《China's National Defense in the New Era》)는, 미국이 패권주의와 군사적 개입을 통해 중국의 부상을 억제하려 하며 미국의 아시아 동맹 강화는 "지역 안정을 해치는 요인"이

---

85 2022년 NSS는 중국을 "국제 질서를 재편하려는 의도와 능력을 지닌 유일한 경쟁자"로 규정했다. "the only competitor with both the intent and, increasingly, the capability to reshape the international order, while constraining a dangerous Russia." 등의 표현이 나온다.

라고 규정한다. 특히 미국의 미사일 방어체계(MD)와 인도·태평양 전략은 중국의 안보에 "중대한 위험"을 초래한다고 강조한다. 2022년 당대회 보고서는 "외부 봉쇄와 압박이 강화되었다"는 표현 등으로 미국을 비판하고 강화되는 기술, 공급망 통제와 관련해 자주적 혁신과 핵심기술의 국산화를 강조한다. 화룡점정은 2023년 2월 중국 외교부 공식 문서였다. 제목이 〈미국의 패권과 그 위험(US Hegemony and Its Perils)〉으로 단순히 목차만 봐도 어떤 내용인지 짐작할 수 있다.[86]

I. 정치적 헤게모니: 힘을 과시하며 횡포를 부리다
II. 군사적 헤게모니: 무분별한 무력 행사
III. 경제적 헤게모니: 약탈과 착취
IV. 기술적 헤게모니: 독점과 억압
V. 문화적 헤게모니: 허위 서사 확산

외교부 문서의 '서론'은 이렇게 시작한다.

"제2차 세계대전과 냉전 이후 세계 최강대국으로 부상한 미국은 다른 국가의 내정에 더욱 대담하게 간섭하고 패권을 추구하고 유지하며 남용하며, 전복과 침투를 추진하면서 마음대로 전쟁을 일으켜 국제사회에 해를 끼쳐왔다. 미국은 민주

---

86 중국 외교부, "US Hegemony and Its Perils", 2023. 2. 20,

주의, 자유, 인권 증진을 명분으로 '색깔 혁명'을 연출하고 지역 분쟁을 선동하며 심지어 직접 전쟁을 일으키는 패권주의적 수법을 개발해 왔다. 냉전 사고방식에 집착한 미국은 블록 정치를 강화하고 갈등과 대립을 부추겼다. 국가 안보 개념을 과도하게 확대 해석하고 수출 통제를 남용하며 일방적 제재를 강요했다. 국제법과 규칙을 선택적으로 적용해 필요에 따라 활용하거나 무시했으며 '규칙 기반 국제 질서' 수호라는 명분 아래 자국 이익에 부합하는 규칙을 강요하려 했다.
본 보고서는 관련 사실을 제시함으로써 정치·군사·경제·금융·기술·문화 분야에서 미국의 패권 남용을 폭로하고, 미국의 행태가 세계 평화와 안정 및 모든 국민의 복지에 미치는 위험성에 대한 국제사회의 관심을 더욱 환기하고자 한다."

이 문서는 정치 부문에서 "미국은 '민주주의를 촉진한다'는 명목으로 라틴아메리카에서 신먼로 독트린을 실행하고 유라시아에서 '색깔혁명'을 선동하고, 서아시아와 북아프리카에서 '아랍의 봄'을 조직하여 많은 나라에 혼란과 재앙을 가져왔다. 1823년 미국은 먼로 독트린을 발표했다. '아메리카 사람들을 위한 아메리카'를 외쳤지만 진정으로 원했던 것은 미합중국만을 위한 아메리카였다"고 꼬집는다. 이어 미국이 "아시아-태평양 지역에 파이브 아이즈(Five Eyes), 쿼드, 오커스(AUKUS) 등 독점 클럽을 규합하고… 인도-태평양 전략을 강요해 왔다"면서 "이 관행은 본질적으로 이 지역에 분열을 일으키고 대립을 부추기고 평화를 훼손하기 위한 것"이라고 주장한다.

군사 부문에서는 "지미 카터 전 미국 대통령이 말했듯이 미국은 의심할 여지없이 세계 역사상 가장 호전적인 국가다. 터프츠대학교 보고서 〈군사개입계획 소개: 1776~2019년 미군개입에 관한 새로운 자료모음〉에 따르면 미국은 해당 기간 동안 전 세계적으로 거의 400여 건의 군사개입을 했다. 그중 34%는 라틴아메리카와 카리브해, 23%는 동아시아와 태평양, 14%는 중동과 북아프리카, 그리고 13%는 유럽이었다. 현재 중동과 북아프리카, 사하라 이남 아프리카에 대한 군사개입이 증가하고 있다"면서 과거 사례를 조목조목 나열하고 비판한다.

경제 부문에서는 달러 패권과 세계경제 불안 원인, 경제적 강압 등을 비판하며 "미국은 '시뇨리지(화폐주조이익)'의 도움으로 세계의 부를 착취한다. 100달러 지폐를 만드는 데는 약 17센트밖에 들지 않지만, 다른 나라들은 100달러 상당의 실제 상품을 구입하기 위해 준비해야 했다. 미국이 달러로 인해 엄청난 특권과 눈물 없는 적자 생활을 누리며 가치 없는 지폐를 다른 나라의 자원과 공장을 약탈하는 데 사용했다는 것은 반세기 이상 전에 지적됐다"고 비난한다.

기술 부문에서 "미국은 민주주의 보호라는 명분으로 기술 독점을 공고히 하고 있다. '칩스 동맹'과 '클린 네트워크' 같은 기술 소규모 블록을 구축함으로써 미국은 첨단기술에 '민주주의와 인권'이라는 꼬리표를 붙이고 기술 문제를 정치적·이념적 문제로 전환해 타국에 대한 기술 봉쇄의 구실을 조작해 왔다"고 주장한다.

2025년 11월 말 중국은 국무원 신문판공실(State Council Information

Office) 명의로 백서를 발표한다.[87] 백서 〈신시대 중국의 군비 통제, 군축 및 비확산〉이 발표된 시기는, APEC을 계기로 미중 정상회담(2024년10월 30일. 트럼프-시진핑 6년 만의 만남이었다)을 한 이후 시점이다. 중국의 군사 전략, 특히 핵 전략에 대해 기술돼 있다.

2005년 이후 약 20년 만에 발간된 이 군사 분야 핵심 문서의 첫 문장이 다름 아닌 '평화'라는 단어로 시작한다는 점은 흥미롭다. 백서는 "평화와 발전은 인류 사회의 영원한 주제이다. 평화는 쟁취하고 지켜내야 한다. 군비통제, 군축, 비확산은 칼을 낫으로 바꾸고 무기를 내려놓으려는 인류의 열망을 구현한 것"이라며 "1949년 중화인민공화국(PRC) 건국 이래 중국은 평화적 발전의 길을 걸어왔으며 방어적 성격의 국방 정책을 고수해 왔고, 모든 형태의 패권주의, 침략, 확장, 군비 경쟁을 단호히 반대해 왔다"고 썼다. 본문에서 자신들의 국방정책이 방어적임을 유독 강조한다. 미국의 '패권주의'와 대비시키려는 개념이다. 백서는 "방어적 성격의 국방 정책을 확고히 추진한다(Firmly pursuing a national defense policy that is defensive in nature)면서 "이 정책은 중국의 국방 및 군사 발전에 대한 근본적인 지침이다. … 방어, 자위, 선제 공격 금지 원칙에 기반하여 중국은 주권, 안전, 발전 이익을 단호히 수호한다"고 밝혔다.

백서의 '결론'은 "고귀한 대의는 결코 고독한 추구가 아니며, 공동의 노력은 지속적인 진보를 보장한다. 중국의 현대화는 평화적 발전의 길을 따르며, 중국의 성장은 세계 평화 세력의 성장에 기여한

---

87 중국 외교부, "China's Arms Control, Disarmament, and Nonproliferation in the New Era", 2025.11.

    동맹이라는 거짓말

다. 중국은 모든 평화 애호 국가들과 함께 평등하고 질서 있는 다극적 세계를 건설하고 보편적 이익과 포용적 경제 세계화를 추진할 준비가 되어 있다"고 마무리된다. 결국 트럼프 정부를 겨냥한 내용들이다.

중국의 부상, 어디까지 갈 것인가

미중 양국의 입장을 들여다보면 이들은 이제 확실한 적이다. 그렇다면 흔한 말로 신냉전의 시작인가? '굴기' 중국의 진짜 속내는 무엇일까?

상대의 위협을 인식하고 준비하는 것과, 상대를 제압하고 우위에 서겠다는 것에는 분명 차이가 있어 보인다. 그러나 과연 본질적으로 다른 말일까? 중국을 바라보는 시각의 차이만큼 제안되는 처방들도 다르다.

현실주의자(Realists)들은 패권국과 도전국 간 충돌을 불가피하다고 본다. 과거를 돌아봐도 그렇고, 세상의 이치가 원래 그렇다는 것이다. 존 미어샤이머 등은 세력 균형 및 봉쇄 필요성을 강조한다. 중국은 반드시 아시아에서 패권국 지위를 추구할 것이고, 따라서 미국은 냉전식 봉쇄 전략(동맹망 강화, 군사적 억지)을 통해 중국 부상을 견제해야 한다고 주장한다. 크리스토퍼 레인(Christopher Layne)은 2020년 〈포린어페어스〉 기고에서 단극 질서가 다극 질서로 이동하면서 위기 관리가 어려워졌다고 주장했다. 중국의 급속한 부상으로 인한 힘의 전이가 뚜렷하며, 지위 경쟁(status competition) 심리 속에서 중국이 위신·지위·체면을 중시하는 경향성이 더욱 두드러졌다면서 이 모든 상황이 전쟁 가능성을 높인다고 지적했다.[88] 그는 자유주의자들의 시각을 반박하며 다음과 같이 경고한다.

"기존 질서는 변화하는 국제 역학뿐만 아니라 전통적으로 이를 수호해온 국가들의 정치적 발전에 의해서도 도전받고 있다. 미국과 유럽에서 포퓰리즘과 비자유주의적 민주주의의 부상은 현 질서와 이를 옹호하며 이익을 취하는 엘리트들에 대한 반발이다. 질서에 대한 국내 지지가 감소하고 권력 균형이 다른 국가들로 이동함에 따라 이 체제는 갈등 중재에 있어 필연적으로 효과성을 잃게 될 것이다. 부상하는 강대국들은 이 구조를 완전히 재편할 기회를 포착할 수도 있으며 이는 전쟁 가능성을 높일 것이다."

그레이엄 앨리슨(Graham Allison)은 "투키디데스의 함정(Thucydides Trap)"이라는 개념을 설명하며[89] 역사적으로 신흥 강대국의 부상은 기존 패권국과의 충돌을 초래했고, 미·중도 이런 과거 사례를 인식하고 충돌을 막기 위해 노력해야 한다고 조언해왔다. 앨리슨은 2025년 6월 왕이 중국공산당 정치국위원 (외교부장)을 만나 "양국이 공존을 위한 전략적 위치를 찾아서 투키디데스의 함정

88　Christopher Layne, "Coming Storms: The Return of Great-Power War", Foreign Affairs, 2020.10.13.

89　앨리슨은 저서《예정된 전쟁(Destined for War)》에서, 지난 500년 동안 신흥 부상국과 기존 지배국가 사이에서 발생한 열여섯 차례의 충돌을 분석하며, 이 가운데 열두 번은 전쟁으로 이어졌다고 분석했다. 그러나 저서에서는 미-중 간 패권 갈등이 필연적으로 전쟁으로 이어질 것이라 예상하지는 않았다.

　　　　동맹이라는 거짓말

에 빠지지 않도록 노력해야 한다"고 강조했고, 이에 왕이 부장은 사의(謝意)를 표하기도 했다.

반면 일부 자유주의자(Liberals)들은 현 상황을 지나치게 과장하고 있다고 진단한다. 대표적으로 아이켄베리의 경우 중국은 미국이 만든 자유주의 국제 질서 안에서 성장했고 따라서 완전히 대체하거나 전복하기보다는 그 질서 속에서 기득권을 지키려 할 것이라고 주장한다. 실제 미국이 주장하듯 중국은 현 질서에서 최대 수혜자인 것이 사실이다. 조셉 나이(Joseph S. Nye)는 미-중 관계를 "상호의존적 경쟁(cooperative rivalry)"으로 정의하면서 군사·안보 영역에선 경쟁이 불가피하지만, 기후변화·팬데믹·경제 등 초국경적 과제에서는 협력이 필수적이라고 강조했다. 결국 중국을 무작정 배제하기보다 세계무역기구·유엔·기후협약 같은 다자 제도 안에 포용·견제 병행하는 전략을 택해야 한다는 제안들이다(맹점은, 현재 미국 스스로가 자신이 구축한 질서를 거부하고 있다는 점이다). 한편 〈월스트리트저널〉의 칼럼니스트 월터 러셀 미드(Walter Russell Mead)과 같은 보수 성향의 학자들은 중국 부상을 단순히 군사력·경제력 문제가 아니라, 문명적·체제적 경쟁으로 해석하기도 한다. 중국이 주도하는 '권위주의적 모델'이 자유주의적 국제 질서에 구조적 위협이 될 수 있다는 경고다.

좀 더 구체적으로 논쟁을 들여다보자. 입장은 크게 두 가지다. 첫 번째는 중국이 미국을 대체하려는 분명한 야망과 계획을 가지고 있다는 주장이다. 역사적으로 보더라도 세계 패권의 주인공들이 계속 바뀌어왔듯이 도전국인 중국도 패권국인 미국을 제치고 세계 권력 피라미드의 제일 꼭대기에 우뚝 서려고 한다는, '패권 지향' 관점이다.

이러한 주장에 따르면 중국은 미국·서방 중심으로 구축돼 온 규범, 규칙, 제도 등을 서서히 바꿔서 자신들의 영향력을 확대하고 궁극적으로 글로벌 패권을 차지하려 한다. 고전적인 의미에서 군사력과 경제력을 키우고 이를 통해 영향력을 확대하고, 현상을 변경하며, 새로운 질서 구축을 모색하는 장기 전략을 갖고 있다는 관점이다. 워싱턴의 상당수는 이런 우려 속에서 중국을 '유일하고 실질적인 위협'으로 인식한다.

《장기전: 미국 주도 질서를 대체하려는 중국의 대전략(The Long Game)》[90]에서 저자 러쉬 도쉬(Rush Doshi)는 중국과 같은 신흥 강대국이 전쟁 없이 미국과 같은 기존 패권국을 대체하기 위해 사용하는 전략을 분석한다.[91] 그는 중국이 대체 전략(strategies of displacement)을 추진하고 있다고 주장한다. 미국에 대한 위협 인식에 따라 미국 패권 약화(Blunting) → 아시아 내 중국 주도 질서 구축(Building) → 세계적 차원으로 확장(Expansion) 단계 등으로 전략을 짜고 있다는 것이다.

"중국의 첫 번째 대체 전략(1989~2008)은 특히 아시아에서 미국이 중국에 행사하는 힘을 조용히 무력화하는 것이었으며

---

90 Rush Doshi, 《The Long Game: China's Grand Strategy to Displace American Order》, Oxford University Press, 2021.8.

91 위의 책

  동맹이라는 거짓말

이는 천안문 사태, 걸프 전쟁, 소련 붕괴라는 충격적인 삼중고(traumatic trifecta)가 베이징으로 하여금 미국의 위협에 대한 인식을 급격히 높인 이후 등장했다. 중국의 두 번째 대체 전략(2008~2016)은 아시아 지역 패권 구축의 기반을 마련하는 것이며 글로벌 금융 위기로 인해 미국이 약화됐다고 판단한 베이징이 더욱 자신감 있는 접근을 취하도록 용기를 얻은 후 시작됐다. 이제는 브렉시트, 트럼프 대통령 당선, 코로나 바이러스 팬데믹에 따른 '세기에 한 번 있을 법한 큰 변화'[92]라는 주문과 함께 중국은 세 번째 대체 전략을 추진 중이다. 이는 전 세계적으로 미국의 글로벌 리더십을 대체하기 위한 중국의 무력화(Blunting) 시도 및 구축(Building) 노력을 확대하는 것이다."

— 러쉬 도쉬(2021)

중국이 미국을 대체하려고 한다는 시각을 가진 사람들은 중국이 겉으로는 평화적 부상을 강조했지만 실제로는 "전략적 속임수(strategic deception)"를 통해 미국을 방심시키고, 기술·경제·군사력을 꾸준히 쌓아왔다고 주장한다.[93] 2025년 현재 워싱턴 정치인들의 생각과 유사하다.

---

92 2017년부터 시진핑의 연설 등에 등장하는 이 용어에는 유래가 있다. 1872년 청나라 장군 이홍장이 서구의 약탈을 개탄하며 세계가 "3,000년 동안 보지 못했던 세기의 거대한 변화"를 겪고 있다고 말한 데서 유래했다.
Charles Dunst, "A Review of Rush Doshi's 《The Long Game: China's Grand Strategy to Displace American Order》", 2021.8.25.

93 Michael Pillsbury, "The Hundred-Year Marathon: China's Secret Strategy to Replace America as the Global Superpower", 2015.

반면, 미국이 중국의 목표와 의도를 오독하고 잘못된 방향의 전략을 짜고 있다는 비판도 만만치 않다.[94] 2025년 〈포린어페어스〉에 실린 "중국이 원하지 않는 것(What China Doesn't Want)"이라는 기고문에서, 저자들은 2012부터 2024년까지 시진핑 주석의 연설 176편과 공식 문서들을 분석한 결과 중국의 목적은 현상 유지(status quo)라고 주장한다. 성장과 발전을 원하지만 '미국을 대체'하거나 새로운 세계 질서를 구축하려는 목표와는 거리가 멀고, 따라서 그들의 핵심 이익(영토·주권 수호, 경제 성장)만 침해하지 않으면 협력이 가능하다는 것이다. 저자들은 중국의 거친 수사에 집중하지 말고 정확한 대외 목표를 분석해야 하며, 그에 적합한 대중 전략을 짜야 한다고 강조한다. 군사 충돌 시나리오나 냉전 시절의 봉쇄에만 집중하다 보면 비용 부담만 커지고 오히려 공존할 수 있는 기회를 상실할 수 있다는 우려다.

"문제는 이러한 중국에 대한 이해가 잘못되었다는 점이다. 중국이 추구한다고 밝힌 바를 면밀히 검토해 보면 전혀 다른 모습이 드러난다—중국은 극적으로 권력을 확장하고 세계 질서를 재편하려는 수정주의 국가가 아니라, 제한된 글로벌 목표를 가진 현상 유지 세력이다. 중국 지도부는 국가의 외부 영향력 확대보다 내부적 도전과 정권 안정에 훨씬 더 집중하고 있다. 중국은 외교정책적 요구를 가지고 있으며 종종

---

94 David C. Kang, Jackie S. H. Wong, and Zenobia T. Chan, "What China Doesn't Want: Beijing's Core Aims Are Clear—and Limited", Foreign Affairs, 2025.9.19.

이웃 국가들을 압박하지만, 그들을 침략하거나 정복하려 하지는 않는다. 홍콩, 대만, 티베트, 신장 등 국제사회가 외교적으로 중국 영토로 인정하는 지역에 대한 통제권에는 극도로 민감하게 반응한다. 그러나 중국의 야망은 그 이상으로 확장되는 경우가 거의 없다."[95]

일명 '회의론자'들은 중국이 영토, 주권, 대만 통일 등 공개적으로 강조해온 핵심 이익이 침해되지 않는 한, 그리고 역내에서 미국이 중국의 성장을 방해하거나 군사적으로 개입하지 않는 한, 지역 패권 수준에서 제한적인 권력을 추구할 것이라는 현상 유지(status quo) 지향성을 강조한다. 경제 성장을 위해서는 역내 안정이 필요하고, 장기적으로 2049년(건국 100주년)에 도달할 총체적이고 안정적인 성장을 위해서 현재의 군사력 및 경제력을 뛰어넘는 현상 변경 시도를 하지 않을 것이라는 분석이다. 결국 이미 구축된 질서를 크게 벗어나지 않는 상태에서 기존 제도를 최대한 중국에 유리하게 활용하고 자신들의 영향력을 세계적으로 투사하려는 전략이라는 관점이다.

한편, 중국이 패권을 추구하는 것은 아니지만 미국 패권을 침식시키려 한다는 주장도 있다. 패권지향론과 현상유지론 사이 어디쯤이다. 미국 패권을 가져올 힘은 아직 부족하다는 현실적 평가와 함께, 현상유지 및 자국 성장을 위해 일극 질서를 흔들어 놓을 필요는

---

95 David C. Kang, Jackie S. H. Wong, and Zenobia T. Chan, "What China Doesn't Want", Foreign Affairs, 2025. 9.19.

있다는 맥락이다. 즉 미국과의 직접 충돌 위험은 줄이면서 '전략적 다중 동맹(multi-alignment)'을 통해 유럽, 중동, 아시아 등 여러 지역에서 영향력을 증대시키려 한다는 절충적인 시각이다.

2025년 2월 앤드류 라담(Andrew Latham)과 아르타 모에이니(Arta Moeini)는 중국의 전략을 다음과 같이 설명한다.

① 중국의 대전략은 기존 '규칙 기반'의 국제 질서에서 미국의 패권을 약화시키도록 설계됐고 아직 자체 질서를 수립하려는 단계에는 이르지 않았다.

② 중국의 전략적 목표는 이념적 또는 내부적 고려사항이라기보다 주로 물리적·지정학적·물질적 요인에 의해 주도되며 여기에는 자원과 역량 문제가 포함된다.

③ 중국의 힘은 여전히 미국에 뒤처져 있다—베이징은 현재 미국의 세계적 지배력을 대체하는 것은 물론이고 따라잡을 수 없다. 이러한 불균형은 가까운 미래에도 지속될 가능성이 높다.

④ 중국의 전략에 대한 분석은 베이징이 미국의 패권을 전복하기보다는 교란시키기 위해 고안된 이념적 중립 정책(ideologically-neutral policies)을 선호한다는 점을 보여준다.

⑤ 중국과 미국 간의 정면 대립(냉전 2.0)을 강조하는 역사적 비유는 부적절하고 지나치게 공격적인 미국 전략으로 이어질 가능성이 높다.

⑥ 미국은 스스로 지나치게 확장적이고 과도한 공약 없이 중국과의 지정학적 관계를 관리하기 위해 (전면적 봉쇄보다는) 절제

된 균형 유지와 '무력화'를 혼합한 전략을 활용해야 한다.

"중국에게 다중심주의와 다중 정렬에 기반한 새로운 글로벌 규범을 추진하는 것은 전략적 필수 과제다. 이러한 접근법은 미국 패권에 직접 도전할 때 수반되는 위험을 완화하면서 중국의 글로벌 영향력을 확대할 수 있게 한다. 중국은 보다 균형 잡힌 권력 분배를 촉진함으로써 중국의 부상에 더 유리하고 패권적 지배에 덜 취약한 글로벌 지정학적 환경을 조성하고자 한다.

중국의 대전략 목표는 세계적 패권 장악이 아니다. 따라서 베이징은 워싱턴과 같은 '대국 경쟁' 논리에 의해 움직이지 않는다. 대신 중국은 미국의 영향력을 점진적으로 축소하고, 단일 강대국이 글로벌 거버넌스의 규칙·규범·제도를 일방적으로 결정하지 않는 질서를 구축하고자 한다. 다중 정렬과 경제적·외교적 수단의 전략적 활용을 통해 중국은 미국의 정책에 환멸을 느낀 국가들에게 대안적 파트너이자 경쟁적 국제 질서 구상의 설계자로 자리매김하고자 한다. 이를 통해 베이징은 미국의 주도적 세계 질서에 대한 대안을 제시하며, 이는 중국의 장기적 이익과 더 잘 부합한다."[96]

---

96 Andrew Latham, Arta Moeini, "UNRAVELING CHINA'S GRAND STRATEGY: Beijing's aim is to erode U.S. global hegemony, not seek world domination", The Institute for Peace&Diplomacy, 2025.2.26.

2장

스트롱맨 전성시대

"도널드 트럼프 대통령과 시진핑 주석은 이른바 '용병적 다극화(mercenary multipolarity)' 시대를 열어가고 있다. 이기적인 강대국들을 중심으로 한 변형된 국제 질서로, 이들은 일반적으로 자신의 영향력을 타인의 이익이나 협력에 사용하는 것을 경멸하며 주로 자국의 안보·번영·권력 극대화에 주안점을 둔다."[1]

— 줄리언 게워츠(Julian Gewirtz, 2025)

1   Julian Gewirtz, "How China Wins", Foreign affairs, 2025.6.24.

트럼프 우선주의

2025년 트럼프 1년 차. 시진핑 주석, 푸틴 대통령, 김정은 국무위원장과 같은 독재자들에게 먼저 다가가 악수하려는 트럼프의 행보를 보면서 '1815년 유럽 협조 체제(Concert of Europe)'를 떠올리는 사람들이 많다.[2] 이 체제는 나폴레옹 전쟁 후 열린 빈 회의(Conference of Vienna)에서 합의된 국제 질서로 오스트리아, 영국, 러시아, 프로이센, 프랑스 등 5대 강대국들이 지긋지긋한 전쟁을 끝내고 유럽 내 협력과 조정을 통해 평화를 유지하자는 내용이었다. 전쟁이 끊이지 않던 유럽에서 유럽 협조 체제는 주요 국가들 간 위기와 긴장을 낮추는 체제로서 나름의 효과를 발휘했다(평화를 강조했지만 그래봤자 강대국들의 이익에 충실한, 그들만의 리그였다).

2025년 트럼프의 행보를 보면 유사성이 엿보이기도 한다. 가치나 이념을 떠나 '강한 놈들끼리 만나 글로벌 이슈를 논의하고 결정하자'는 태도 때문이다. 나토, 세계무역기구, 유엔 같은 민주적·다자주의적 제도보다 자신이 '상대할 만하다'라고 느끼는 몇몇 지도자(주로 권위주의 국가들이다)를 직접 만나 담판 짓는, 철저히 강대국 이익 중심의 거래다. 전문가들은 흔히 이 같은 방식을 거래주의적 접근이라고 표현한다.

하지만 트럼프의 접근법은 과거 '유럽 협조 체제'와 결정적 차이가 있다. 바로 규범, 규칙, 절차, 무엇보다 공동의 목표가 부재하다

---

2 Stephen M. Walt, "Trump's Concert of Kingpins Won't Work, A globe carved up by strongmen isn't any world order at all", Foreign Policy, 2025.3.5.

는 점이다. 19세기 유럽 강대국들이 협조 체제를 이룬 배경은 상호 영토 불가침, 왕정 복고, 자유주의·민족주의 확산의 억제였고, 이 같은 각국의 '공동 이익'과 목적을 위해 나름의 룰을 만든 것이었다.

현재 트럼프 행정부가 추진하는 것은 다름 아닌 미국 우선주의(트럼프 1기), 미국 절대 우선주의(트럼프 2기)다. '미국의 이익만 담보된다면 무엇이든 할 수 있다'라는 생각을 가진 국가와 무엇인가를 도모할 파트너는 없다. 트럼프의 거래주의적·기회주의적 협상 방식과 무엇보다 예측 불가능한 행태는 '공동의 이익' 자체를 불가능하게 만든다.

특히 트럼프라는 '개인'에 의해 운영되는 듯한 현재의 미국은 장기적으로 신뢰할 수 없는 파트너다. 현재 J.D 밴스 부통령 등 핵심 마가 세력이 트럼프에 이어 차기 대통령이 된다면 역시 큰 차이는 없을 것이다. 국제 규범과 룰이 아닌 미국만의 이익을 추구하는 상황이 지속된다면 지속 가능성과 장기 목표를 고려해야 하는 다른 국가들로서는 '협조 체제'를 구상할 수 없다. 국제사회에서 신호등 역할을 해온 규범과 규칙을 정면 부정하는 행보는 전쟁과 분쟁의 가능성을 높이고 미국을 포함한 모든 국가들에게 '더 많은 비용'을 지불하게 만들고 있다.

미국 절대 우선주의(America Only)의 단면을 보여주는 사건은 2025년 한 해에만 해도 수없이 많다. 유럽, 캐나다, 멕시코, 한국, 일본 등 동맹 때리기는 물론 2025년 12월, 미국은 아무런 권한 없이 베네수엘라 민간 선박들을 잇달아 폭격해 최소 87명이 사망한 것으로 전해졌다. 국제법 위반으로 명백한 범죄다. 미국이 행정부

동맹이라는 거짓말

차원에서 대놓고 이웃 국가의 선박을 무차별로 폭격하고 있는 것이다. 심지어 9월에는 1차 폭격에서 살아남은 생존자들을 2차 폭격으로 제거했다는 사실이 드러나면서 파문이 일었다. 트럼프는 마약 단속이라고 했지만 실질적으로는 눈엣가시였던 마두로 대통령을 제거하기 위한 작전의 일환으로 해석됐다(실제 2026년 1월 마두로를 체포한다). 12월 중순 '마약과의 전쟁'을 외치며 뜬금없이 베네수엘라 대형 유조선을 억류(법적 요건을 충족하지 않으면 해적 행위다)하는가 하면, "중남미 지역의 마약 카르텔을 겨냥한 지상 타격에 착수하겠다"고 밝히기도 했다.(2025.12.12)

트럼프의 민간 선박 폭격과 푸틴의 우크라이나 침공, 과연 무엇이 다를까. 본질은 같다. 스티븐 월트(Stephen M. Walt)는 트럼프 정부의 행보, 즉 권위주의 국가 지도자들과의 협력과 민주주의 파괴, 동맹 때리기 등을 보며 다음과 같이 우려한다.

"권력자들의 협정은 이처럼 통제받지 않는 독재자들이 서로를 신뢰해야 하며, 그들이 국민을 착취하거나 억압하는 데서 얻는 공통된 이익이 다른 차이점을 압도할 것이라고 가정한다. 그러나 동료 지도자들이 이전에 합의한 내용이 무엇이든 간에, 거의 완전한 자유를 누리며 마음대로 행동할 수 있다는 사실을 안다면 신뢰를 유지하기는 어렵다. …역사는 무제한 권력을 가진 지도자들이 중대한 실수를 저지르기 쉽다고 경고한다. 스탈린과 마오쩌둥은 수백만 명의 불필요한 죽음을 초래한 중대한 결정을 내렸고 무솔리니는 이탈리아를 재

앙적인 전쟁으로 이끌었으며, 히틀러의 전략적 실수와 과대
망상은 제2차 세계대전에서 독일의 패배를 가져왔다. 물론
민주주의 지도자들도 실수를 저지르지만 정보의 자유로운
흐름과 실패한 지도자를 교체할 수 있는 능력 덕분에 오류를
신속히 바로잡기 쉽다. …1970년대 초 중국에 손을 내밀었던
리처드 닉슨 대통령과 당시 국가안보보좌관 헨리 키신저는
현명한 현실주의자로 행동했지만, 나토를 포기하거나 캐나
다와 멕시코와 무의미한 다툼을 벌이지는 않았다."[3]

3　Stephen M. Walt, "Trump's Concert of Kingpins Won't Work", Foreign Policy, 2025. 3. 3.

자유주의 대 현실주의

역사학자 존 루이스 개디스(John Lewis Gaddis)는 제2차 세계대전 이후 미국-소련 간 대규모 전쟁이 없었던 시기(1945~1991)를 '긴 평화'로 명명했다.[4] 미-소 냉전 시기, 그 팽팽한 양극 체제 속에서의 묘한 힘의 균형(양극 체제의 안정성, stability of bipolarity)과 상호 핵 억지(상호확증파괴, MAD) 그리고 지리적 요인과 경제적 상호의존성 부재 등으로 인해 '긴 평화'가 유지될 수 있었다는 설명이다(물론 이런 설명은 매우 서구적 시각으로 거부감을 유발한다. 수많은 인명이 희생된 한국전쟁, 베트남전 등 '대규모 전쟁'이 있었기 때문이다. 여기서 그의 주장은 핵 전쟁을 피하면서 미국-소련 간 직접 충돌한 전쟁 혹은 제1·2차 세계대전과 같은 규모의 전쟁이 없었다는 의미로 해석된다). 개디스는 "아무도 설계하지 않았고 정의의 요건을 고려하려는 시도도 전혀 없이, 전후 시대 국가들은 권력 현실에 기반을 둔 국제 관계 체제를 운 좋게 갖게 되었다. 이 체제는 정의는 아니더라도 질서라는 대의에 예상보다 더 크게 기여했다"고 분석한다.

개디스가 언급한 긴 평화 이후 또다시 '꽤 긴 평화'가 이어졌다. 1991년 소비에트연방 해체로 이른바 동구권이 붕괴한 이후 미국 주도의 일극·단극 체제가 지난 30여 년간 이어졌고 결과적으로 1945년 이후 80년간 긴 평화가 유지된 셈이다. 하지만 불안하게나마 지탱해 온 80년 평화에 대한 해석(원인과 결과)에는 학자들에 따

---

4   존 루이스 개디스(John Lewis Gaddis),《 The Long Peace: Inquiries into the History of the Cold War(긴 평화: 냉전 역사 탐구)》, Oxford University Press, 1987.

라 상당한 차이가 있다. 특히 미국의 쇠퇴 및 트럼프라는 지도자의 등장, 중국의 부상, 러시아의 잇단 전쟁 도발, 글로벌 사우스의 결집 등이 동시다발적으로 전개되는 오늘과 같은 혼란의 시기에는 이런 논쟁들이 훨씬 치열해지는 양상이다.

현재 논객들이 벌이는 펜 끝의 전쟁을 한 줄로 묘사하자면 '자유주의에는 곡 소리가, 현실주의에는 의기양양함이 묻어난다'고 할 수 있다. 이런 시각과 논쟁을 소개하려는 이유는 이들 논쟁이 그저 이론에 그치는 것이 아니기 때문이다. 지나온 역사 그리고 우리가 관통하고 있는 21세기 현실을 어떻게 '해석'하느냐에 따라 대비책 혹은 해결책이 근본적으로 달라지기 때문이다. 병의 원인에 대한 정확한 진단이 있어야 수술할 부위가 결정되는 것과 같은 이치다.

자유주의 사상을 신봉하는 지도자와 현실주의 사상을 신봉하는 지도자는 방향성이 다를 수밖에 없다. 앞서 서술한 것처럼 우크라이나 전쟁을 '푸틴 개인의 잘못된 선택'으로 보는 시각과, 힘의 균형 맥락에서 내린 불가피한 결정이었다고 판단하는 사람들의 정책 방향은 크게 다를 수밖에 없다.

일례로, 바이든 대통령이 이념과 가치 등을 강조하며 중국과 러시아를 비난했고 시진핑·푸틴과 악수하는 것조차 꺼렸다면, 트럼프 대통령은 전혀 다르다. 오히려 시진핑·푸틴처럼 '강적'들과 손 잡는 것을 선호한다. 물론 정치 리더들마다 특정 '이즘(-ism)'을 교과서처럼 따르고 고려하면서 정책을 설계하지는 않을 것이다. 다만 선호하는 정책 방향과 더불어 개인 성향 및 기질 등이 상당히 큰 영향을 미친다.

우리는 정확한 분석과 이를 바탕으로 한 관점과 전망을 가지고 다가오는 차가운 현실에 대비해야 한다. 강대국은 강대국대로, 중견국들은 중견국들대로 각자 다른 준비를 해야 한다.

자유주의라는 렌즈

자유주의적 시각에서 80여 년간 긴 평화가 가능했던 배경에는 한마디로 미국 주도로 구축된 '규칙에 기반한 질서'가 있다. 법(law), 규범(norm), 규칙(rules)에 의한 제도와 질서, 다시 말하면 유엔, 나토, 유럽연합, 국제무역기구, 국제통화기금 등의 시스템과 제도가 존재함으로써 국가 간 협력이 증진될 수 있었던 것이다. 핵심은 먹고사는 일, 즉 경제적 상호의존성이 높아지면서 결과적으로 전쟁 억제와 경제 성장, 사회 발전이 가능했다는 설명이다. 이런 측면에서 자유주의와 이에 기반한 인류의 성취는 인간이 도달한 가장 위대한 업적으로 평가될 수 있다.

정치 수단 혹은 명분조차 없이 무력으로 상대를 제압하던 과거와 달리, 각종 분쟁이나 전쟁이 일어날 조짐을 보이거나 발발했을 경우, 국제 기구(유엔·나토)를 통해 예방(개입)했다. 또한 경제적 분쟁 발생 시 이를 조정하는 등 규범·제도가 있었기에 전후 오랜 시간을 비교적 평화롭고 순조롭게 지탱해 왔다는 설명이다. 자유주의 진영의 핵심 키워드에는 제도·규범·민주주의 등으로 경제적·사회적 의존도가 높아질수록 전쟁 가능성이 줄어든다는 '상호의존론', 국제 기구·규범·제도가 협력을 촉진시킨다는 '제도주의', 민주주의 국가 간에는 전쟁을 하지 않는다는 '민주평화론', 자유무역·국제제도·민주주의 확산을 통해 평화와 번영이 가능하다고 보는 '자유주의 국제주의' 등이 있다.

"질서는 국가 간의 안정적인 권력 분배, 국가와 다른 행위자들의 행동에 영향을 미치고 정당화하는 규범, 그리고 이를 지탱하는 제도에 기반한다(Order rests on a stable distribution of power among states, norms that influence and legitimize the conduct of states and other actors, and institutions that help underpin it)."

— 로버트 키오한과 조지프 나이[5]

《소프트 파워(Soft Power)》로 유명한 정치학자 조셉 나이는 "지난 70년 동안 세계를 보호하고 안정시키는 데 기여한 자유주의 질서의 입증 가능한 성공은 이 시스템을 방어, 심화, 확장하는 것이 미국 외교정책의 중심 과제라는 강력한 공감대를 만들었다"고 주장했다. 자유주의의 수호자였던 나이에 따르면 권력은 강압, 지불, 유인이라는 수단을 통해 달성되는데 여기서 '강압과 지불'은 하드파워로, '유인'은 소프트파워로 분류된다. 소프트파워는 흔히 '매력(attraction)'으로 표현되는, 말은 부드럽지만 실은 무서운 힘이다. 과거의 할리우드, 요즘의 K-컬처 등을 떠올리면 이해하기 쉽다.

그가 자유주의 질서 혹은 '미국이 구축해 온 질서'를 스스로 파

---

5   Robert O. Keohane and Joseph S. Nye, Jr, "The End of the Long American Century", Foreign affairs, 2025.6.2.

괴하는 트럼프를 우려한 이유는 충분히 짐작 가능하다. 트럼프 취임 약 4개월 뒤 작고(2025년 5월)한 나이는 "중국의 부상보다 트럼프의 부상이 더 걱정스럽다"고 언급하기도 했다. 생전 마지막 글(2025)에서 그는[6] 트럼프의 대외정책은 강경한 군사 및 경제적 힘을 휘두르며 미국의 소프트파워까지 훼손하고 있다고 비판했다. 미국의 영향력은 군사력·경제력뿐만 아니라 문화, 매력, 제도에 기반한 소프트파워에 크게 의존하는데 이 모두를 훼손한다는 지적이다. 대외적으로는 관세전쟁, 다자협정 탈퇴, 그린란드 구매와 파나마 탈환 위협 발언 등을, 대내적으로는 과학기술 예산 삭감, 대학 탄압, 인종차별, 이민자 무차별 추방 등을 지적한 것이다. 나이는 트럼프 1기 집권 시기였던 2017년 "기술 변화, 권력 분산, 트럼프식 포퓰리즘 같은 내부적 도전 요인이 자유주의 질서를 흔들고 있으며… 질서의 완전한 파괴보다는 'multiplex world', 즉 여러 교차하는 국제 질서가 공존하는 구조로 전환될 가능성"을 예견하기도 했다.[7]

존 아이켄베리 역시 주요 전쟁 이후 강대국들(특히 미국)이 강압적인 패권보다는 제도(institutions)와 전략적 절제(strategic restraint)를 통해 국제 질서를 재건하고 이를 통해 자신의 영향력을 장기적으로 유지할 수 있었다고 지적한다. 유엔, 관세 및 무역에 관한 일반 협정(GATT), 세계무역기구, 국제통화기금, 나토 등 국제 질서 속에서

---

6   Robert O. Keohane and Joseph S. Nye, Jr., 앞의 글
7   Joseph S. Nye, Jr., "Will the Liberal Order Survive? The History of an Idea", Foreign Affairs, 2017.1.

자신의 패권적 위치를 유지하면서도, (상당 부분 형식적으로나마) 그 힘을 독점하지 않고 법과 규칙 아래 두었다는 설명이다. 현실주의자들이 강조하는 힘의 균형보다는 이런 시스템을 통해 조율하고 협력해온 결과가 바로 '긴 평화'라는 의미다.

> "전후에 협력적이고 안정적인 질서가 확립된 것은 패권적 지배를 직접적이고 도구적으로 행사한 것이 아니라, 개방적인 정치 체제와 구속력 있는 제도를 통해 실현된 전략적 자제력의 행사 덕분이었다(It was the exercise of strategic restraint—made good by an open polity and binding institutions—more than the direct and instrumental exercise of hegemonic domination that ensured a cooperative and stable postwar order)."[8]

이런 맥락에서 트럼프 정부 1기가 시작되자마자 자유주의자들은 거의 공포를 느꼈다. 철저히 미국 시선에서, 중국 러시아와 같은 이른바 수정주의 세력이 빌런으로 등장해 기존 자유주의 질서를 파괴해야 정상적인(?) 시나리오일 텐데, 다름 아닌 미국의 대통령이 기존 질서를 스스로 파괴하기 시작했기 때문이다. 이는 기존 공식에 어긋난다. 그 우려와 공포는 트럼프 1기 첫 해였던 2017년 아이켄베리의 글에서 고스란히 드러났다.

8　G. John Ikenberry, "Institutions, Strategic Restraint, and the Persistence of American Postwar Order", The MIT Press, 1998(Winter).

　　　　　　　　　　　　　　　　　　동맹이라는 거짓말

"트럼프의 모든 본능은 전후 국제 체제의 기반이 되어온 사상들과 정면으로 배치된다. 무역, 동맹, 국제법, 다자주의, 환경 보호, 고문, 인권—트럼프가 강조해 온 이 모든 핵심 사안들이 실제 실행된다면 자유주의적 세계 질서 수호자로서의 미국의 역할을 종식시킬 것이다. …최근 몇 년간 서구 대중들은 자유주의적 국제 질서를 더 이상 같은 생각을 가진 국가들 간의 안정과 연대의 원천이 아니라 부유하고 강력한 자들의 글로벌 놀이터로 여기게 되었다. 트럼프는 자유민주주의의 실패의 원인이라기보다 결과에 가깝다. 그러나 그가 이제 집권한 이상, 그의 정책은 그 기반을 더욱 약화시킬 것으로 보인다."[9]

아이켄베리는 2023년 문정인 연세대 명예교수와 인터뷰에서 자유국제주의의 핵심을 크게 네 가지로 설명한 바 있다. ① 무역과 사회 전반에 걸친 교류는 적절히 관리되기만 한다면 좋다는 확신 ② 규칙과 제도가 협력을 촉진할 수 있다는 확신 ③ 자유국제주의가 협력이라는 이점을 갖고 있다는 확신 ④ 경제 안보와 환경적 상호의존이 증가하는 상황에서 구속력 있는 약속을 이행하는 데 드는 비용이, 동일하게 상호의존 상태에 있는 다른 국가와 정책 조율을 통해 얻는 이익보다 훨씬 적다는 확신 등이다.

그는 제1차·제2차 세계대전이라는 대참사 이후 인류가 추구해

---

9 G. John Ikenberry, "He Plot Against American Foreign Policy", Foreign Affairs, 2017.4.

온 자유주의적 프로젝트를 세 가지 각도에서 조명한다. 첫째, 자유국제주의는 세계정치에 대해 사고하고 수행하는 방식으로 뿌리 깊은 일관성을 갖고 있다면서 "일련의 아이디어의 집합이자 프로젝트의 집합"이라고 강조한다. 그는 '프로젝트'라는 용어가 매우 중요하다면서 "이는 국제질서와 자유주의적 국제 프로젝트를 구축하기 위해 여러 세대에 걸쳐 노력이 계속되고 있다는 것을 나타내기 때문"이라고 강조한다. 즉 "현실주의와 탈식민주의, 마르크스주의와 같은 다른 위대한 사상과 어깨를 나란히 하는 하나의 사상"이라는 설명이다. 둘째, 자유국제주의는 위대한 업적과 성공을 가져왔다면서 "강대국 특히 미국과 연계된 자유국제주의의 후원 아래 이룬 성공"이라고 평가한다. 물론 실패와 장단점은 인정한다. 셋째, 자유국제주의는 "더 나은 세상을 만들기 위한 이상주의적 프로젝트가 아니"라면서 "실용적이고 개혁지향적인 국제정치의 접근 방식으로 보는 것이 타당"하다고 지적한다. 생존하기 위해 노력하는 것이고, 살아남을 수 있는 조건을 만들려고 노력하는 것이라면서 "이상주의가 아니다. 오히려 정반대"라고 강조한다.

자유주의와 현실주의 사이의 간극은 너무 커서 중간은 없어 보인다. 이미 미국의 쇠퇴, 중국의 부상 등 거대한 변화를 두고 수년간 많은 논쟁이 오가던 사이, 특히 트럼프 당선이라는 충격에 겨우 적응하고 있던 2018년, 일부 관찰자들은 그럼에도 불구하고 현실주의 주장을 반박하면서 '변화와 적응'을 강조하기도 했다. 현실주의자들이 그토록 냉소하는 자유주의는 한낱 그럴듯한 이상주의가 아니라는 논박이다. 이들은 "자유주의 질서는 단지 허상이 아니다

   동맹이라는 거짓말

(The Liberal Order Is More Than a Myth)"라는 글에서 자유주의적 국제 질서가 "처음에는 전후 재건을 위한 서구 중심의 프로젝트로 설계되었으며 냉전 기간 동안 번성했다. 탈식민지화 이후 아시아, 아프리카, 라틴아메리카로 확산되었고, 1970년대 경제 침체기에 균열이 생기며 흔들렸으며 1990년대 경쟁자들의 쇠퇴와 함께 비로소 보편성을 주장하게 되었다. 이러한 70년이 넘는 복잡한 진화 과정을 단일한 이상으로 포장해 흐릿하게 만드는 것은 자유주의 질서의 복잡한 역사에 대한 정당한 평가가 아니"라고 변호한다. 그러면서도 시대의 변화에 따라 자유주의라는 질서는 또한 계속 변화하고 적응해 나갈 것이라고 강조한다.[10]

현실주의라는 렌즈

이제 현실주의의 논리를 들어보자. 가장 강경하게는 존 미어샤이머를 비롯해서 그레이엄 앨리슨, 스티븐 월트, 크리스토퍼 레인 등 이른바 현실주의자[11]로 분류되는 학자들은 다른 진단을 내린다. 냉정과 냉소가 섞여 있다.

바로 앞에 소개한 글 "자유주의 질서는 단지 허상이 아니다"는 사실, 그레이엄 앨리슨 교수에 대한 반박으로 나왔다. 국내에는 그의 저서 《예정된 전쟁》으로 잘 알려진 앨리슨 교수는 '긴 평화'가

---

10 Rebecca Lissner and Mira Rapp-Hooper, "The Liberal Order Is More Than a Myth: But It Must Adapt to the New Balance of Power", Foreign Affairs, 2018.7.31.

11 국제정치이론의 출발점으로 인식되는 케네스 월츠(Kenneth N. Waltz)는 1979년 《국제정치이론(Theory of International Politics)》으로 유명하다. 이후 그레이엄 앨리슨, 존 미어샤이머, 스티븐 월트 등이 현실주의 분파로 다양한 목소리를 내고 있다. 혹자는 현실주의 모든 이론은 그저 케네스 월츠의 해석과 변주에 불과하다고 평가하기도 한다.

"자유주의 질서의 결과가 아니라, 45년간의 냉전 기간 동안 소련과 미국 간의 위험한 세력 균형과 그 후의 짧은 미국 지배의 부산물"이었다고 설명한다.(2018) 그는 자유주의적 시각과 관련, 첫째 자유주의 질서는 지난 70년 동안 강대국 간의 소위 장기 평화의 주요 원인이었다는 것, 둘째 이 질서를 구축하는 것이 그간 미국이 세계에 개입하는 주요 동인이었다는 것, 셋째 트럼프 대통령(2018년 현재)이 자유주의 질서 그리고 나아가 세계 평화에 대한 주요 위협이라고 해석하지만, 이런 논리가 틀렸다고 지적한다. 그레이엄은 80여 년의 평화가 자유주의 질서 덕분이 아니라 오히려 냉전이라는 특수한 군사적·정치적 구조 그리고 90년대 이후 막강한 경제와 군사력을 바탕으로 한 '예외적인 일극 체제'라는 배경에서 가능했다고 주장한다. 무엇보다 "미국의 세계 개입은 해외에서 자유주의를 발전시키거나 국제 질서를 구축하려는 욕구가 아니라, 미국 내 자유민주주의를 보존하기 위해 필요한 조치를 취해야 할 필요에서 비롯됐다"고 분석한다. 선후 관계 혹은 원인-결과에 대한 분석이 완전히 틀렸다는 주장이다.

> "이른바 '장기 평화(long peace)'는 자유주의적 국제 질서의 산물이 아니라, 냉전이라는 45년간에 걸친 기간 동안 소련과 미국 사이에 형성된 위험한 세력균형의 부산물이었고, 그 이후 잠시 이어진 미국의 패권적 지배의 결과였다. 미국의 세계 개입은 해외에서 자유주의를 확산시키거나 국제 질서를 구축하려는 열망에서 비롯된 것이 아니라, 국내에서 자

동맹이라는 거짓말

유민주주의를 보존하기 위해 필요하다고 여겨지는 일을 수행해야 한다는 필요성에 의해 추동되어 왔다. 그리고 트럼프가 현 국제 질서의 핵심 요소들을 약화시키고 있기는 하지만, 그가 세계적 안정성에 가하는 최대의 위협은 결코 아니다(The "long peace" was not the result of a liberal order but the byproduct of the dangerous balance of power between the Soviet Union and the United States during the four and a half decades of the Cold War and then of a brief period of U.S. dominance. U.S. engagement in the world has been driven not by the desire to advance liberalism abroad or to build an international order but by the need to do what was necessary to preserve liberal democracy at home. And although Trump is undermining key elements of the current order, he is far from the biggest threat to global stability).["]12

현실주의자들은 개별 국가들이—서로를 믿을 수 없기 때문에—불가피하게 생존을 위해 투쟁할 수밖에 없다고 설명한다. 무질서라는 구조적 환경이 각각 개별 행위자들을 추동하는 것이다. 즉, 개별 국가들은 자국의 생존과 안보를 위해 힘을 극대화하려 하고 '현상 유지', 더 나아가 '팽창을 통한 패권 추구'라는 속성을 갖게 된다. 초강대국 미국이 잠시 유지해오던 일극 체제는 매우 예외적인 현상이다. 미어샤이머는 냉전 이후를 '단극의 순간(unipolar

---

12 Graham Allison, "The Myth of the Liberal Order: From Historical Accident to Conventional Wisdom", Foreign Affairs, 2018.7.8.

moment)'으로 규정한다. 정상적이지 않다는 말이다. 그는 또 나토 확장, 민주주의 확산 시도, 인도주의 개입 등을 자유주의적 이상 실현이 아닌 '자유주의 패권(liberal hegemony)'이라 규정하며 이런 과잉팽창이 주변국들의 반발, 강대국들의 경쟁을 불러일으킨 전략적 오류였다고 주장한다. 2025년 1월 마크 루비오 국무장관도 이를 실토(?)하는 발언을 한다. '힘을 통한 평화'를 외치는 트럼프 행정부의 첫 국무장관이 한 발언이기 때문에 더욱 의미가 있었다. 루비오는 트럼프 2기 행정부 출범 10일 뒤인 2025년 1월 30일 한 언론인과 인터뷰에서 다극 체제(multipolar world, multi-great powers)로의 회귀를 언급한다. 루비오는 세계에 하나의 강대국만 있는 것은 '정상적이지 않고 이례적(anomaly)'이라며 "현재 중국 그리고 일정 부분 러시아와 함께 (다극 세계에) 직면하고 있고, 이란·북한 등 불량국가들도 상대해야 한다"고 말했다. 루비오는 "냉전 후 우리는 세계에서 유일한 강대국이었고 그래서 많은 경우 스스로를 일종의 세계 정부처럼 여기며 모든 문제를 해결하려는 책임을 떠안았다"면서 "세계가 단 하나의 패권국만 존재하는 상태로 유지되는 것은 정상적인 일이 아니다. 그것은 냉전 종식의 산물이었고 일종의 역사적 예외(anomaly)였다. 결국 세계는 다시 여러 지역에 걸쳐 복수의 강대국들이 공존하는 다극 체제로 돌아갈 수밖에 없다"고 말했다.[13] 중국, 러시아 등 이른바 '수정주의' 국가 리더인 시진핑과 푸틴이 즐겨써 온, 동시에 미국 고위 당국자들은 애써 외면해 왔던 '다극 체제'라

---

13 마크 루비오, 메긴 켈리와 인터뷰, 2025.1.30

     동맹이라는 거짓말

는 단어를 직접 언급한 것 자체가 뉴스가 됐다.

이와 관련, 크리스토퍼 레인은 미중 충돌 가능성을 언급하며 제 1차 세계대전을 다시 회고한다.

"이론 너머 역사 또한 강대국 간 전쟁에 대한 제약이 흔히 보이는 것보다 약하다는 점을 보여준다. 특히 1914년 전쟁으로 치달은 영국과 독일의 경쟁 과정은 두 강대국이 전쟁 직전까지도 발생 가능성이 매우 낮아 보였던 갈등으로 불가피하게 끌려갈 수 있음을 증명한다. 그리고 이는 오늘날 미국과 중국의 경쟁과 비교할 때 그 유사성이 더욱 뚜렷해진다. 20세기 초, 제국 독일의 급속한 경제·기술·해군력 증강은 기존 영국 주도 국제 질서에 도전장과 같았다. 양국 간 긴밀한 무역 관계에도 불구하고 영국 엘리트들은 독일의 성장하는 경제력을 위협으로 인식하기 시작했다. 게다가 그들은 독일의 경제적 성공이, 불공정하다고 생각한 무역과 산업 정책의 결과라는 점에 불만을 품었다. 영국의 정치경제를 지배한 자유방임주의적 접근이 아닌 국가 개입에서 비롯된 것이라고 생각한 것이다. 영국 엘리트들은 또한 군대와 그 가치를 중시하는 독일의 정치 문화를 자유주의 가치와 근본적으로 상반된 것으로 보았기에 깊은 반감을 품었다. 간단히 말해 그들은 독일이 구제불능의 악당이라고 믿었다. 전쟁이 시작되자 영국인들이 이 갈등을 자유주의 대 군국주의(프로이센) 간

이념적 성전으로 인식하게 된 것은 당연한 일이었다."[14]

현실주의에 대한 오해

현실주의가 자유주의 질서에 대해 비판 혹은 조롱하고 권력과 국가 간의 힘을 강조하는 '세력권'을 말한다고 해서 이들이 규범, 규칙, 법, 제도 등을 무시하는 것은 아니다. 현실주의자들도, 자유주의에서 강조하는 규칙과 질서가 원시와 야만에서 벗어나 인간 공동체를 안정적으로 유지하기 위해서 필요한 사회적·정치적 도구라는 걸 인정한다. 다만 강조점이 다를 뿐이다.

스티븐 월트 교수는 〈포린폴리시〉에서 다음과 같이 설명한다.

"트럼프는 도전받지 않을 규범도, 신성불가침한 합의도, 투자하거나 수호할 가치가 있는 국제기구도 없다고 본다. 나 같은 현실주의자라면 고개를 끄덕이며 동의할 거라 생각할지 모르겠다. 현실주의자들은 권력만이 중요하며 규범, 규칙, 제도가 국가들—특히 강대국들—의 행동에 거의 영향을 미치지 않는다고 생각하지 않나? 국제관계학 입문 수업에서 그렇게 배웠다면 그 교수에게 가서 수강료 환불을 요청하라. 그렇다. 현실주의는 권력을 세계 정치의 가장 중요한 요소로 보며, 강대국들이 특정 시점에 지배적인 제도에 가장 큰 영향을 미친다고 주장한다. 현실주의자들은 또한 준수 여부를

---

14 Christopher Layne, "Coming Storms: The Return of Great-Power War", Foreign Affairs, 2020.11.

강제할 중앙의 권위가 없기 때문에 국가들이 원한다면 규칙을 무시할 수 있다고 강조한다. 그러나 한스 모겐타우, 로버트 길핀, 헨리 키신저, 스티븐 크라스너, 심지어 존 미어샤이머 같은 정교한 현실주의자들은 상호의존적인 국가들로 구성된 어떤 체제도 규칙 체계 없이는 기능할 수 없으며, 심지어 강대국들도 기존 규칙을 지나치게 자주 또는 심각하게 위반할 경우 대가를 치르게 될 것이라고 강조한다."[15]

---

15 Stephen M. Walt, "The Realist Case for Global Rules", Foreign Policy, 2025.5.29.

양극 체제 대 다극 체제

세계의 많은 국가와 여타 행위자들은 미국 중심의 단극 체제가 붕괴하고 여러 갈래로 분화되고 있음을 알고 있다. 여기서 다른 논쟁이 시작된다. 그 방향은 미-중이 중심이 되는 양극 체제(Bipolarity)인가, 아니면 여러 강대국들이 경합하는 다극 체제인가 하는 문제다.

이 논쟁은 중요하다. 향후 수십 년간 국가 간 관계에 중대한 영향을 주는 문제이기 때문이다. 쉽게 말하면 각국의 줄서기 방향과 강도, 동맹 여부가 달라지기 때문이다. 지속 가능한 대전략(grand strategy)에 필수적인 분석이다(미국의 여전한 일극 체제를 주장하는 사람들도 존재하지만 이 글에서는 양극/다극 체제 논쟁만 설명하겠다).[16]

일반적으로 양극 체제는 두 강대국이 상대적으로 대등한 역량을 보유하며 국제 체제를 주도하는 권력 구조를 말한다. 가장 전형적인 예는 미-소 냉전 시기다. 이외에도 18세기 영국과 프랑스의 경쟁 역시 양극 체제의 역사적 사례로, 양국은 구세계와 신세계 전역에서 제국적 패권을 두고 충돌했다.[17] 양극단으로 분화될 경우 양쪽 진영이 경제, 안보 등 분야에서 협력하기 어렵다. 서로 신뢰하지 못할 뿐만 아니라 적대적이기 때문이다.

다극 체제는 세 개 이상의 강대국이 국제체제 내에서 유사한 위

---

16 Stephen G. Brooks and William C. Wohlforth, "The Myth of Multipolarity: American Power's Staying Power", Foreign Affairs, 2023.4.18.

17 Emma Ashford and Evan Cooper, "Assumption Testing: Multipolarity is more dangerous than bipolarity for the United States", Stimson Center Policy paper, 2023.10.2.

상을 차지하며 세력 균형을 둘러싸고 경쟁하는 상황을 지칭한다. 이 경우 강대국의 수에는 명확한 상한이 없으나 대략 3~7개 국가가 핵심적 행위자로 작동한다. 다극 체제는 균형적 형태(여러 국가의 세력이 비교적 고르게 분포된 경우)와 불균형적 형태(일부 국가가 다른 국가들에 비해 현저히 우위를 점하는 경우)로 구분될 수 있다. 후자는 역사적으로 가장 흔한 권력 구도이기도 한데, 대표적인 예로는 유럽의 30년 전쟁 시기, 중국의 전국시대, 그리고 제1차 세계대전 이전에 유럽 국제 체제가 있다.

다극 체제에서는 양극 체제만큼 극단화되지는 않지만, 서로가 서로를 믿지 못하는 상황이 지속된다. 여러 강대국이 존재하면 서로 협력자가 될 수도, 순식간에 배신자가 될 수도 있다. 국제체제의 안정성(stability)을 분석하기 어려운 중요한 이유 중 하나는, 역사 속에서 비(非)다극 체제의 사례가 매우 드물었다는 점에 있다.[18]

양극 체제

구체적인 논쟁과 논거를 들어보자. 2023년 〈포린폴리시〉에서는 단극 체제와 다극 체제를 놓고 다양한 논쟁이 오갔다(물론 2026년 현재도 싸우고 있다). 대표적으로 조 잉게 베케볼드(Jo Inge Bekkevold)는 "No, the World Is Not Multipolar(아니, 세계는 다극 체제가 아니다)"라는 글에서 세계가 다극 체제로 진행되고 있다는 주장은 단순한 허구에 불과하다고 말한다.[19] 그는 "극성(極性)이란 단순히 국제 체제

---

18 앞의 글

19 Jo Inge Bekkevold, "No, the World Is Not Multipolar", Foreign Policy, 2023.9.22

내 강대국의 수를 가리킨다. 세계가 다극화되려면 세 개 이상의 강대국이 존재해야 한다. 오늘날 극을 형성할 만한 경제 규모, 군사력, 글로벌 영향력을 갖춘 국가는 미국과 중국 단 두 나라뿐이다. 다른 강대국은 어디에도 보이지 않으며 당분간 등장할 전망도 없다. 인구가 많고 경제가 성장하는 신흥 중견국이나 비동맹 국가들이 존재한다는 사실만으로는 세계가 다극화되었다고 할 수 없다"고 주장한다. 그는 인도, 러시아 등이 잠재적 강대국으로 언급되지만 실제 역량을 보면 턱없이 부족하다고 지적한다.

일례로 인도의 국방비 지출 규모는 세계 3위(2021)로 기록됐지만 스톡홀름 국제평화연구소(SIPRI) 최신 자료에 따르면 인도의 군사 예산은 중국의 4분의 1 수준에 불과하다. 경제 측면에서 일본은 세계 3위의 경제 대국이지만 국제통화기금 최신 통계에 따르면 국내총생산(GDP)이 중국의 4분의 1에도 미치지 못한다. 프랑스 마크롱 대통령 등의 주장에도 불구하고 유럽연합 역시 제3의 축이 아니다. 유럽연합은 말 그대로 '국가 간 연합'일 뿐이기 때문이다. 언제든 쪼개질 수 있다. 러시아는 국토 면적, 막대한 천연자원, 막대한 핵무기 비축량을 바탕으로 강대국 후보로 거론되지만 이탈리아보다 경제 규모가 작고 군사 예산이 기껏해야 중국의 4분의 1에 불과하다. 저자는 이런 특징들로 인해 다극화가 아닌 미국-중국이 세계 권력을 양분하는 양극 체제로 가고 있다고 주장한다. 현재 미중 두 국가의 국방비 합은, 세계 총 국방비 지출의 절반을 차지한다. 또한 미중 국내총생산 총액은 그 다음으로 큰 33개 경제체를 합친 것과 거의 맞먹는 수준이다.

　　　　　　　　　　　　　　　　　　　동맹이라는 거짓말

저자는 그럼에도 다극 체제라는 용어가 '인기' 있는 세 가지 이유를 설명하는데, 흥미롭다. 첫째, 다극성은 규범적인 개념으로, 이는 서구의 지배 시대가 끝났으며 권력이 분산되었거나 분산되어야 한다고 말하거나 희망하는 또 다른 방식이다. 둘째, 격렬하고 포괄적이며 양극화된 미-중 경쟁의 현실을 받아들이기를 꺼리는 사람들이 많기 때문이다. 셋째, 베이징과 모스크바는 다극화를 미국의 힘을 축소하고 자국의 입지를 강화하기 위한 수단으로 본다. 특히 중국은 강대국이지만 여전히 미국을 주요 도전 상대로 지목하는 동시에, 글로벌 사우스 국가들에 아첨하고자 한다.

클리프 쿠프찬(Cliff Kupchan)은 과거 냉전을 비틀어 현재 상황을 '냉정한 평화(Cold Peace)'로 규정하면서 "향후 광범위하게 평화로울 것이나 결코 따뜻하지는 않을 것이다. …양극 체제는 일부 핵심 경제 분야에서 중국의 수정주의를 촉진할 것이며 이는 지정학과 기업 모두에 직접적인 영향을 미칠 것"이라고 전망한다.[20] 쿠프찬은 "미국의 군사적 우위 때문에 상당한 비대칭성을 지닌다"라고 지적하면서도, 양극성은 두 초강대국이 ① 역량 분배 측면에서 대체로 동등한 경쟁 상대이며 ② 상당한 격차로 '다른 국가들'과 분리되어 있을 때 가능하다고 주장한다. 한마디로 "핵심 지표에서 1~2등 간에 큰 격차가 존재하더라도 양극성은 성립할 수 있다"고 주장한다.

의견이 엇갈리지만 국제 관계의 안정성 측면에서 본다면, 다극 체제보다는 양극 체제가 더 '안정적'이라는 주장이 자주 제기된다.

20　Cloff Kupchan, "Bipolarity is Back: Why It Matters", The Washington Quarterly, 2022.2.

"세 개 이상의 강대국이 존재하는 다극 체제는 양극 체제보다 덜 양극화될 수는 있지만 협력에 있어서는 오히려 더 불리하다. 주로 다른 강대국과의 동맹을 통해 세력균형을 추구하기 때문에 기존 동맹을 버리고 다른 동맹에 합류할 위험이 늘 존재한다. …이는 제1·2차 세계대전 사이 다극적 시기(multipolar period)에 강대국 간 불협화음이(disagreements) 자유무역 발전을 저해했던 상황과 유사하다."[21]

실제 역사는 다극 체제하에서 동맹 이탈이 만들어낸 불안정한 사례를 보여주곤 한다. "작동 방식 차원에서 보면 양극 체제는 다극 체제보다 더 안정적이다. 이는 두 핵심 강대국이 서로의 행동에 주로 집중하면 되기 때문이며, 다극 체제처럼 수많은 국가들의 행동을 동시에 고려해야 할 필요가 없기 때문이다."[22]

다극 체제

다극 체제로 향하고 있다고 주장하는 사람들은 '힘이 동등한 강대국'이 반드시 존재할 필요는 없으며, 다만 '상당한 권력이 두 개 이상의 국가에 집중되기만 하면 된다'라고 반박한다. 즉 미-중처럼 대등해 보이는 국가뿐만 아니라 인도, 일본, 브라질 등 국제사회에

---

21 Jo Inge Bekkevold, "The Golden Age of Multilateralism Is Over", Foreign Policy, 2025.9.12.

22 Cliff Kupchan(2022)는 다극 환경 속에서 동맹 간 각축전이 제1·2차 세계대전 발발에 기여했다고 본다. 1890년 독일이 러시아와 맺고 있던 비밀 재보장 조약(Reinsurance Treaty)을 중단한 것은, 이후 세력 균형의 역학 관계를 가동시켰고 이는 궁극적으로 '삼국 동맹(Triple Alliance)'과 '삼국 협상(Triple Entente)' 사이의 전쟁으로 이어졌다. 1930년대 동맹 이탈과 책임 전가(buck-passing)는 세계대전 전후 나치 독일의 팽창을 효과적으로 제어하지 못하게 만들었다는 주장이다.

동맹이라는 거짓말

서 영향력을 행사하는 국가들이 존재한다면 이를 다극 체제로 규정해야 한다는 주장이다.

> "미국은 냉전 초기 수십 년 동안 가졌던 수준의 군사적·경제적 힘을 더 이상 보유하지 않는다. 오늘날의 중국 역시 전성기 소련에 미치지 못한다. 다극 체제는 세 개의 동등한 강대국이 필요하지 않다. 단지 상당한 권력이 두 개 이상의 국가에 집중되기만 하면 된다. 현재 일본에서 인도에 이르는 중간 강대국들은 과거보다 훨씬 더 큰 영향력을 행사하고 있다. 이는 학자들이 '불균형적 다극화'라 부르는 현상의 교과서적 정의에 해당한다."[23]

한마디로 중국을 포함해 프랑스·호주·인도·한국처럼 군사·경제력이 상당한 중견국들이 힘을 쌓고 있고 이들의 영향력이 상당할 것이라는 주장이다. 저자들은 이처럼 최근 국제 권력이 중간 강대국들로 확산되면서 세계가 '불균형적 다극 체제'로 전환되고 있다고 주장한다. 한편, '미국 입장에서 다극 체제가 양극화보다 더 위험하다'는 주장에 대해서는 틀렸다고 논박한다. 다극 체제하에서 오히려 동맹국들의 무임승차(free-riding)를 줄일 수 있고 위험을 분산(buck-passing)시킬 수 있다는 주장이다.[24] 해당 연구를 한 엠마 애

---

23 Emma Ashford and Evan Cooper, "Yes, the World Is Multipolar", Foreign Policy , 2023.10.5.

24 Emma Ashford and Evan Cooper, "Assumption Testing: Multipolarity is more dangerous than bipolarity for the United States", Stimson Center Policy paper, 2023.10.2.

슈퍼드(Emma Ashford)와 에번 쿠퍼(Evan Cooper)는 "극(極)의 정의에 대한 논쟁은 사소하고 무의미해 보일 수 있지만 그 위험은 크다"며 "바이든 대통령의 중국 견제 전략은 워싱턴과 동맹국이 경제력·군사력의 대부분을 장악하는 양극 체제에서는 가능할 수 있다. 그러나 다극 체제가 강화되는 세계에서는 미국이 필요로 하는 중간 강대국들로부터 점점 고립될 위험에 처한다"고 강조했다.

앞서 이미 '양극 체제'가 굳어졌다고 진단한 클리프 쿠프찬 역시 글로벌 사우스 6개국이 지정학의 미래를 결정할 것이라고 전망한다.[25] 브라질, 인도, 인도네시아, 사우디아라비아, 남아프리카공화국, 터키 등 중견 강국들(leading middle powers)이 캐스팅보트 역할을 하면서 중요성이 커졌다는 의미다. 최근 연구에 따르면, 미-중 경쟁이 심화되는 가운데 이들 중견 국가들은 안보 혹은 희토류와 같은 핵심 광물 거래 등 분야에서 보다 넓은 선택의 자유를 누리고 있다. 중국의 영향력이 커지면서 양국 사이에서 실익을 챙기는 거래를 하고 있다는 의미다. 물론 반도체, 인공지능, 양자 기술 등 핵심 분야에서는 여전히 종속적이다.

정치학에는 수학과 같은 답이 없다. 전문가들마다 국력(권력)을 측정하는 기준이나 지표가 다르고 국제관계 연구에서 가장 어려운 과제 중 하나다. 그저 과거 경험과 사례 등을 기반으로 여러 주장들이 경합할 뿐이다. 예를 들어, 숫자로 비교할 수 있는 GDP가 비슷한 두 나라가 있다고 가정하더라도 정치적 다양성(민주주의 강도),

---

25 Cliff Kupchan, "6 Swing States Will Decide the Future of Geopolitics", Foreign Policy, 2023.6.6.

  동맹이라는 거짓말

외교력, 동맹 관계(혹은 글로벌 투사 능력), 에너지 자율성, 식량 자급력, 핵무기 보유에 따라 '강대국'의 정의가 달라질 것이다. 조셉 나이가 "권력은… 사랑과 같다. 정의하거나 측정하기보다는 경험하기가 더 쉽다(Power… is like love; it is easier to experience than to define or measure)"라고 말한 이유다.

3장

다시 불붙은 한반도

"중국과 북한 사이의 전략적 분열은 2018년과 2019년에 더욱 분명해졌다. 이 시기 미-북 정상회담은, 북한이 미국 및 한국과의 협상 과정에서 중국의 이익을 훼손할 수 있다는 베이징의 오랜 우려를 다시 불러일으켰다. 중국 지도부는 2018년 평양이 중국을 북한의 "천년의 적"으로 묘사했다는 보도와, 중국의 영향력을 견제하기 위해 한반도에 장기적인 미군 주둔을 용인할 의사가 있다는 북한의 표현을 심각하게 인식하고 있다"[1]

1 Ben Frohman, "The China – North Korea Strategic Rift: Background and Implications for the United States", U.S.-China Economic and Security Review Commission, 2022.1.24.

북-중-러 회동이 의미하는 것

2025년 9월 전 세계 언론의 헤드라인을 일제히 장식한 뉴스가 있었다. 중국의 현재를 과시하고 미래를 암시하는 '9·3 전승절', 특히 서방 언론들이 숨죽이며 지켜보는 듯했다. 10년 만에 대대적으로 펼쳐진 대규모 군사 퍼레이드를 통해 중국은 무시무시한 무기를 과시했고 칼처럼 움직이는 병력을 자랑했다.[2] 공식 예복인 중산복(인민복)을 입은 시진핑은 이 한복판을 유유히 지나며 "퉁즈먼 하오(同志們好, 동지 여러분 안녕하십니까)"라고 외쳤고 장병들은 "주시 하오(主席好, 주석님, 안녕하십니까)"라고 응답했다. 2025년 초 일각에서 퍼트린 '실각설'을 뒤로 하고 시진핑은 자신의 건재함을 확인하며 80주년 전승절을 완벽한 무대로 만들었다.

하지만 세계 언론이 주목한 것은 단지 시진핑 한 명이 아니었다. 주연을 압도하는 조연(?), 바로 푸틴과 김정은이 함께했기 때문이었다. 최고의 의전을 받으며 레드 카펫을 밟고 나란히 성루 위에 오른 푸틴과 김정은은 시진핑 양옆에 서서 어깨를 나란히 했고 (트럼프를 약 올리듯) 흡족한 표정을 지었다. 언론은 '중국, 러시아, 북한 지도자들이 한 자리에 모인 것은 무려 66년 만의 일'이라며 바쁘게 분석 기사를 쏟아냈다. 무엇보다 상호 군사조약(2024.6)까지 맺으며

---

2 박세희, "'新냉전이 시작됐다'…中, 스텔스 기능 갖춘 '윙맨' AI드론까지", 문화일보, 2025.9.3. 분열식에서는 각 부대가 방진(네모꼴 형태의 진형)을 이뤄 차례로 톈안먼 광장을 행진했다. 총 45개 부대가 참가해 공중깃발호위대를 시작으로 도보 대열, 군기(君旗) 대열, 장비 대열, 공중 편대 순서로 톈안먼 광장을 통과했다. 헬리콥터 편대로 구성된 공중깃발호위편대는 다양한 헬기를 동원해 승전 80주년을 기념하는 숫자·문자 모양으로 비행했다. 그 뒤를 잇는 도보 대열에는 항전 노부대가 포함돼 눈길을 끌었다. 팔로군, 신사군, 동북항일연군, 화남유격대와 주요 항일 근거지 등 15개 성(省)의 민병대원들 가운데 선발된 인원들이 행진했다.

러시아와 유독 밀착해 온 북한 김정은이, 수년째 냉랭한 관계를 이어오던 중국에 갑자기 달려갔다는 사실 자체가 상당한 파장을 일으켰다. 특히 전승절은 김정은의 첫 다자 외교 데뷔 무대였고, 2019년 1월 방중 이후 약 6년 8개월 만의 중국 방문이었다.

북-중-러 3자 회동은 그 자체로 강력한 메시지였다. 1945년 제2차 세계대전이 끝날 무렵 영국 처칠, 미국 루스벨트, 소련 스탈린이 한겨울 두꺼운 코트를 입고 나란히 앉아 있는 그 유명한 사진이 떠오를 만큼 상징적이었다. 당시 미국, 소련, 영국은 종전을 앞두고 열린 얄타 회담에서 유럽과 아시아를 자기들 멋대로 자르고 붙였다. 강대국 정치의 민낯이었다. 맥락은 전혀 다르지만 최강국에 맞서려는 '도전국' 중국과 유럽에서 지분(세력권)을 주장하며 우크라이나를 공격한 러시아, 그리고 강대국 사이에서 줄타기하는 김일성을 연상시키는 북한 간 3자 회동은 과거와의 데자뷰처럼 보였다.

앞서 시진핑은 전승절 직전, 중국 천진(天津)에서 열린 제25차 상하이협력기구 정상회의까지 주재하면서 연출력을 과시했다. 참고로 2025년 상하이협력기구 정상회의는 중국이 주최한 다섯 번째 회의로 약 20개국의 정상-정부 수반과 10개 국제기구 대표 등이 참석한 역대 최대 규모였다. 그렇다면 왜 이 시기에, 이런 과시적인 모습을 연출했을까? 각각의 속사정을 알아보자.

2025년 상하이협력기구 정상 회담을 통한 글로벌 사우스의 협력 강조, 그리고 전승절을 계기로 성사된 시진핑-푸틴-김정은 간 만남은 서로의 필요에 의한 것이지만 분명 중국이 주도한 그림이었다. 대략 세 가지 메시지를 읽을 수 있다. 첫째, 세계 질서를 어지럽히는 트럼프에 대한 반감이 고조되는 상황에서 '반미 연대'를 강화할 필요성 둘째, 미국이 저버린 다자 질서와 자유무역을 수호하겠다는 중국의 입장 강조 셋째, 지역 내 패권 강화 등이다.

좀 더 구체적인 맥락은 다음과 같다. 먼저 중국은 대륙이자 차기 패권국으로서, 북-중-러라는 좁은 틀에 갇히는 것을 원치 않는다. 같은 맥락에서 글로벌 사우스라는 반쪽짜리 세상의 우두머리를 원치 않는다. 리콴유 전 싱가포르 총리가 강조했듯 중국은 세계 최강국이 돼서 '미국의 대체제'로서의 위상을 꿈꾼다. 그럼에도 2025년은 트럼프 행정부가 다시 등장해 관세 전쟁을 촉발하고 동맹과 우방(캐나다 합병, 그린란드 매매 발언 등)을 먼저 때리고, 이스라엘의 가자지구 제노사이드를 사실상 묵인하고, 이스라엘과 함께 이란을 직접 공습하는 등 온갖 혼란과 충격이 고조되는 시기였다. 미국과 경쟁하는 중국으로서는 절호의 기회였다. 따라서 중국의 정치력, 군사력, 경제력을 과시하는 동시에 미국의 패권이 저물고 있다는 것을 새삼 강조할 필요가 있었을 것이다. 이전 미국 정부가 유럽 및 아시아 동맹들과 스크럼을 짜서 중국을 함께 압박하는 상황에서 벗어난 것만 해도 중국으로서는 표정 관리를 할 만한 상황이다.

둘째, 이른바 '책임 있는 대국'으로서의 주도권 선언이다. 시진핑이 연일 강조하는 단어는 '다극 체제'와 '다자주의(multilateralism)', '자유무역' '주권' 등이다. 미국이 지난 80년간 강조했던 그 질서를 다름 아닌 공산당 국가 중국이 수호하게 된 아이러니를 우리는 지켜보고 있다. 상하이협력기구 정상회담 당시 중국 측 발언을 들어보면 의도가 분명하다. 시진핑은 공개 연설 등을 통해 "보다 평등하고 공정한 다극화된 국제 질서 수립"을 천명하고 회원국 간 안보 및 경제 협력의 가속화할 것을 강조했다. 특히 2035년까지 다극화 국제 질서를 가속화하겠다고 밝히며 세계 무역기구(WTO) 규범을 훼손하는 일방적 관세 부과, 주권 간섭, 갑질(覇淩, 괴롭힘) 조치 등 서방의 패권적 행태에 반대하고 공정하고 평등한 다극 국제 질서 구축의 필요성을 강조했다. 중국은 이 회담에서 다극화 국제 질서 구상과 연계하여 회원국에 무상원조 200억 위안과 주요 회원국 은행에 추가 대출 100억 위안을 제시하고 브릭스 신개발은행(NDB)에 이어 상하이협력기구 개발 은행 설립 계획을 내놓았다.[3] 이런 맥락에서 시진핑 주석이 제시한 글로벌 거버넌스 이니셔티브(GCI)는 주목할 만하다. 이는 기존 3대 이니셔티브[글로벌 발전 구상(GDI), 글로벌 안보구상(GSI), 글로벌 문명 구상(GCI)]를 포괄하는 상위 개념으로 미국-서방 주도 국제 질서와 차별화된 대안을 제시하고 있다.

셋째, 지역 내 패권을 더욱 공고히 하겠다는 선언이다. 권력의 팽창에도 단계가 있다. '역내 패권국(regional hegemon)'이란, 규칙을 만들고 안보·경제 질서를 좌우하며 주변국들이 이에 맞춰 행동하도록 만드는 역내 최상위 권력을 의미한다. 미국이 아메리카 대륙에서 러시아가 유럽 대륙에서 자신들의 세력권을 주장하듯 중국은 아시아 지역 내 패권을 주장한다. 세계 최강국은 다음 문제다.

한편, 김정은의 다자 무대 참석은 외교가에 파장을 낳았다. 어떤 메시지였을까?

---

3   정재흥, "상하이 협력기구(SCO) 정상회의와 9.3 전승절: 새로운 국제 질서 전환과 북중러 3국 연대 함의", 세종포커스, 2025.9.10.

                                      동맹이라는 거짓말

첫째, 김정은은 다자 무대에 단 한 번도 참석한 적이 없다. '최고 존엄'으로 길러진 김정은은 스포트라이트를 분산하지 않는다(트럼 프와 유사하다). 따라서 김정은의 다자 회의 등장은 그 자체로 의미가 있었다. 그만큼 중-러-북 3각 연대를 과시할 필요성이 있었다는 점 이다. 정통성, 내부 결집이 필요한 김정은으로서는 대국 정상들과 어깨를 나란히 하며 정치적인 전시효과를 누릴 수 있었다.

둘째, 중국의 체면을 살려주는 정치적 효과다. 권위주의 국가 에서 체면은 매우 중요하다. 지난 수년간 북중 관계는 좋지 않았 고 코로나까지 겹치면서 교류는 거의 단절되는 양상이었다. 하지만 2025년 들어 부쩍 관계 정상화 조치들이 눈에 띄기 시작했다. 중국 은 비록 골치 아픈 상대이기는 하지만 코앞에 있는 북한을 '관리'할 필요성을 느꼈고, 북한도 러시아에만 올인하는 방식으로 지속 가능 한 성장을 할 수 없다는 것을 잘 알고 있었다.

2025년 10월 중국 권력 서열 2위인 리창 국무원 총리가 북한 노 동당 창건 80주년 기념행사에 참석한 것은 북-중 관계 복원 흐름의 연장선으로 풀이된다. 앞서 8월 12일 왕야쥔 북한 주재 중국대사는 광복 80주년을 맞아 평양에 있는 조선혁명박물관(1948년 설립)을 방 문하며 "새로운 역사적 시기에 양당·양국 최고 지도자의 전략적 지 도 아래 중조(중북) 양국 인민이 역사를 더 귀하게 보고 단결해 각종 위험·도전에 함께 대응할 수 있으리라 믿는다"고 밝혔다(주북 중국대 사관). 7월에는 중국이 6년 만에 평양 주재 중국대사관에서 중국군 창설 기념 행사 개최하고 이 자리에 북측 고위 인사들(김강일 국방성 부상, 문성혁 당 중앙위원회 국제부 부부장, 박영일 인민군 총정치국 부국장)이 참여하면서 양국 관계에 훈풍이 돌았다. 2월에는 중국 관영매체인 〈인민일보〉와 중국중앙 CCTV 소속 취재기자가 5년 만에 북한으로 들어가 보도 재개하는가 하면 중국 국비 장학생을 비롯해 5월에는 140여 명의 중국인 유학생이 북한에서 유학생활을 시작했다. 중국 해관총서 집계에 따르면, 2025년 들어 6월까지 중국과 북한 간의 무역 규모는 12억 6,000만 달러(한화 약 1조 7,000억 원)로 직전 해 같은 기간보다 약 30% 증가했다.

셋째, 김정은이 시진핑의 초청에 응한 것은 궁극적으로 미래에 트럼프와의 만남을 염두에 둔 행보로 보인다. 이미 트럼프는 1기 행정부 때부터 지금까지 여러 차례, 집요하다 싶을 만큼 김정은을 찾았다. 북한과의 '평화 만들기'는 트럼프가 노골적으로 원하는 노벨평화상의 재료이기도 하다. 뒤에 설명할 2025년 9월 김정은 연설은 트럼프와의 만남을 예고하고 있다.

그렇다면 각각 양자 관계, 그 속내는 어떤지 살펴볼 필요가 있다. 역사적 배경은 무엇이고 이들은 왜 이 시기에 만났는가?

북-중 관계: 혈맹인가, 전략적 거래인가

북한과 중국 관계를 헷갈려 하는 경우가 종종 있다. 이들 관계는 좋지 않다. 적대적 공생 관계의 전형이다. 다만 각자의 이유로 서로를 버리지 못할 뿐이다. 마오쩌둥은 한국 전쟁에서 아들까지 잃었지만(참전한 큰아들은 1950년 11월 25일 사망한 것으로 알려졌다), 시간이 지날수록 양국 관계는 혈맹·형제 관계에서 점차 애증·분노의 관계로 복잡한 진자를 오갔다.

전쟁을 함께 치른 세대들이 대부분 사망하거나 은퇴한 시점이긴 하지만 김정일 사망(2011년 12월 17일) 후 자리를 이어받은 김정은이 중국과 벌인 신경전만 봐도 북중 관계는 명확해 보인다.

2011년 28세에 최고지도자가 된 김정은은 2018년 3월까지 만 6년 이상 단 한 차례도 북한 땅을 벗어나지 않았다. 사회 경험이 부족한 20대가 한 국가를 책임지고 권력을 유지하는 일은 쉽지 않아 보였다. 당시 한국, 미국 등 정보 기관에서도 북한이 곧 붕괴할 것이라는 (희망 섞인) 전망을 잔뜩 내놓았다. 1994년 김일성 사망 당시 그랬던 것처럼. 하지만 현재까지 김정은의 자리는 굳건해 보인다.

집권 2년 뒤인 2013년 12월 충격적인 소식이 전해진다. 바로 고모부인 장성택(김일성의 딸 김경희와 결혼)을 국가전복음모행위 혐의로 처형했다는 것이다. 체포 나흘 만이었다. 조선중앙통신은 "장성택에 대한 조선민주주의인민공화국 국가안전보위부 특별군사재판이 12월 12일에 진행됐다"며 심리 과정에서 "가증스럽고 추악한 전모가 낱낱이 밝혀지게 됐다"고 전했다. 북한은 판결문에서 "이 하늘 아래서 감히 김정은 동지의 유일적 영도를 거부하고 원수님의 절대적 권위에 도전하며 백두의 혈통과 일개인을 대치시키는 자들을 무자비하게 징벌할 것"이라고 밝혔다. 또 "장성택은 정권 야욕에 미쳐 분별을 잃고 군대를 동원하면 정변을 성사시킬 수 있을 것이라고 타산(계산)하면서 인민군대에까지 마수를 뻗치려고 집요하게 책동했다"고 밝혔다.

장성택은 요직을 거치며 승승장구했고 40여 년간 북한 권력의 2인자로 불렸다. 특히 '어린' 지도자의 후견인이 될 것으로 관측됐지만 김정은 집권 2년 만에 처형당한 것이다.[4] 그의 처형이 충격적인 이유는 아직 권력 다지기에 여념이 없던 시기 친인척인 고모부를 처형했다는 점, 그리고 장성택이 중국과 매우 긴밀한 관계를 유지하고 있었다는 점이다. 장성택 처형은 곧 중국과의 관계 악화를 암시했다.

약 4년 뒤 또 다른 충격적인 사건이 발생한다. 2017년 2월 말레이시아 쿠알라룸푸르 국제공항에서 김정은의 이복형 김정남[5]이 젊은 여성 두 명에 의해 살해당한 것이다. 공항이라는 공개적인 장소에서 외국 여성 두 명이 순식간에 한 남성을 살해했다는 것 자체가 영화의 한 장면 같아 국제적인 이슈가 됐다. 무엇보다 김정은이 장성택을 처형한 뒤 이복형까지 사실상 제거한 것은 또다시 중국을 자극하는 일이었다. 김정남은 오래전부터 중국 일대를 전전하며 중국의 비공식적인 보호하에 살아온 것으로 전해진다. 백두 혈통인

---

4   "북한, 장성택 특별군사재판 후 즉시 사형집행", Voice of America, 2013.12.13.
5   김정남(1971년생)의 어머니는 성혜림, 김정은(1983년생)의 어머니는 고용희다.

김정남을 베이징이 계속 관리하는 것에 불편함을 느낀 김정은이 예방적 제거를 했다는 분석이 나왔다. 다음 해인 2018년 김정은은 첫 북미 정상회담을 앞두고 현란한 외교술을 펼친다. 역사상 처음 북한과 미국이 담판에 나선 상황에서 중국은 극도로 예민할 수밖에 없었고 북한은 이를 최대한 활용한다. 2011년 집권 후, 중국 측의 초청을 여러 차례 거부한 것으로 알려진 김정은은 트럼프와 만남을 약 3개월 앞두고 전격적으로 베이징을 방문한다. 김정은의 첫 국경 밖 외출이자 약 7년 만의 정상외교 행보였다. 이후 김정은의 행보는 노골적이었다. 2018년 3월 첫 중국 방문에 이어 4·27 남북 정상회담 직후였던 5월 7~8일 중국 다롄으로 가서 시진핑을 두 번째로 만난다. 세 번째 북중 정상회담은 6월 19~20일 베이징이었다. 6월 12일 싱가포르에서 트럼프와 만난 지 일주일 만에 다시 중국으로 달려간 것이다.

먼저, 2018년 3월 첫 방중에 부인 리설주를 비롯해 고위직들을 대동했던 김정은은 시진핑에게 "나의 첫 외국 방문의 발걸음이 중화인민공화국의 수도가 된 것은 너무도 마땅한 것이며 조중 친선은 대를 이어 목숨처럼 귀중히 여기고 이어 나가야 할 나의 숭고한 의무"라고 강조했다. 김정은은 "습근평 동지를 비롯한 중국 동지들과 자주 만나 우의를 더욱 두터이하고 전략적 의사소통과 전략·전술적 협동을 강화하여 조중 두 나라의 단결과 협력을 굳건히 해 나가야 한다"고 강조했다. 시진핑을 안심시키기에 충분한 발언이었다.

이에 시진핑은 "중국 역시 중조 친선을 중시하고 이를 계승하는 것이 중국 공산당과 정부의 확고부동한 의지"라고 화답했다. 시진핑은 "전통적인 중조 친선은 피로써 맺어진 친선으로서 세상에 유일무이"라고 강조하고 "전통적인 중조친선을 계승하고 빛내어 나가는 것은 쌍방의 공동 이익에 부합되는 쌍방 공동의 전략적인 선택"이라고 말했다.[6]

5월 다롄 북중 정상회담에서 시진핑은 '신시대 북중관계(新时代 中朝 关系)'의 4대 원칙을 천명했다. 첫째, 북중 전통적 우의는 양측의 공통된 귀중한 자산(宝贵财富)이며 중-북 우호협력 관계를 잘 발전시키는 것은 양측의 확고부동한 방침이자 유일한 올바른 선택이다. 둘째, 북중은 같은 사회주의 국가이고 양자관계는 중대한 전략적 의의를 가지고 있으며 단결과 협력·교류의 상호인식을 강화해야 한다. 셋째, 양당의 고위층 교류는 양자관계를 이끌어 나가는 데 있어 대체 불가능한 중대한 역할을 하며 양자는 상시 왕래를 유지하고 전략적 소통을 강화하며, 이해를 증대시키고 상호 이익을 수호해야 한다. 넷째, 민간 우호 기반을 다지는 것이 북중 관계 발전을 위한 중요한 길이며 다양한 형식을 통해 양국 인민의 교류를 강화하고 북중 관계 발전에 좋은 민의 기반을 조성해야 한다.

제2차 방중은 문재인-김정은 간 '도보다리' 회담 등 관련 내용을 브리핑하는 자리이자 양국 관계의 정상화를 다시 한 번 강조하는 자리가 됐다.

하이라이트는 세 번째 방문이었다. 트럼프를 만나 북미 관계 개선과 평화체제 구축 등을 논의한 김정은이 일주일 만에 시진핑에게 다

---

6   〈조선중앙통신〉, 2018.3.28.

                                        동맹이라는 거짓말

시 달려간 것. 북미 회담 결과의 브리핑 성격이자 동시에 북중 관계가 얼마나 끈끈한지 과시하려는 행보였다. 이에 시진핑은 북중 관계에 있어 '변하지 않는 세 가지(三个不变)' 약속을 제시하기도 한다.[7]

시진핑이 '운명공동체', '변함없는 순치의 관계'와 같은 화려한 수사를 쏟아내며 북한 관리 모드에 들어간 가운데, 상황이 급변한다. 2019년 2월 하노이 북미 정상회담이 어이없이 막을 내린 것이다. 김정은에게는 참담한 시간이, 시진핑에게는 기회의 순간이 온 듯했다. 미중 무역 전쟁이 한창이던 2019년 6월 이번에는 시진핑이 방북을 결심한다(6월 20~21일 평양). 중국 최고지도자의 방북은 2005년 김정일-후진타오 정상회담 이후 14년 만이었다. 시진핑은 "지난 70년간 우리는 한 배를 타고 비바람을 헤치면서 꿋꿋이 전진해왔다"(《노동신문》)라고 말했고, 평양에 도착해서는 "공산당이 이끄는 사회주의 국가를 견지하는 것이 중조 관계의 본질적 속성"이라고도 밝힌다. 북미 관계가 틀어지자 중국의 공간이 열린 것이다.

일련의 과정을 보면 북미 대화가 깊어질수록 시진핑의 수사가 더욱 화려해진 것을 볼 수 있다. 북미 관계 개선에 대한 중국의 강한 견제와 우려를 엿볼 수 있는 대목들이다.

---

7   첫째, 국제 및 지역 정세가 어떻게 변화하든 중국 공산당과 정부는 중북 관계를 공고히 발전시키는 데 주력한다는 확고한 입장을 바꾸지 않을 것. 둘째, 중국 인민의 북한 인민에 대한 우호 감정이 변하지 않을 것. 셋째, 사회주의 북한(社会主义朝鲜)에 대한 중국의 지지가 변하지 않을 것. 이 세 가지다.

싫지만 함께한다

아버지 김정일은 사망하기 직전 2년 동안 중국과 세 번의 정상 회담을 가졌고, 김정은은 남북·북미 정상회담을 전후해서 노골적인 방중 행보를 이어갔다. 결코 사이가 좋아서가 아니다. 미국과 대화를 할 때에도, 국제적으로 고립될 때에도 중국이 필요하다는 불가피성 때문이다. 싫지만 함께한다.

그렇다면 먼저 중국의 속내를 보자. 세계 최강 국가가 되겠다고 다짐하는 저 대륙은 왜 보잘 것 없는 북한을 이토록 챙기는 것일까? 기본적으로 중국은 북한의 핵개발에 철저히 반대하지만 북한 급변 사태와 같은 극도의 혼란 상황을 더 경계한다. 북한이 붕괴된다고 가정했을 때 중국 국경선으로 몰려들 난민 문제, 핵무기·핵물질 이전 및 유출 문제, 한반도 정세 불안 등 모든 충격적인 변화는 자국의 경제 발전을 저해할 변수로 작동하기 때문이다. 무엇보다 안보 측면에서 북한의 붕괴나 남한 주도의 통일은 그들 입장에서 최악의 상황이다. 한반도가 남한 주도로 통일될 경우 국경선을 두고 북한이 아닌 한국(사실상 주한미군)과 마주해야 하는 상황이 되며, 이는 중국 안보 이익을 중대하게 침해하는 것이다.

따라서 지금과 같이 북한이 버퍼(buffer, 완충지대) 역할을 하는 '한반도의 안정된 분단 상태'가 중국으로서는 최선인 것이다. 중국 정부가 첫째, 한반도 비핵화 둘째, 한반도의 평화와 안정 셋째, 대화를 통한 문제 해결이라는 '한반도 문제 3대 원칙'을 반복적으로 천명해온 핵심적인 배경이다.

동맹이라는 거짓말

중국의 외교안보 전문가들은 중국의 대외정책에서 빼놓을 수 없는 요소로 동쪽의 한반도, 서쪽의 파키스탄, 남쪽의 베트남을 언급하기도 한다. 이 가운데 한반도는 외세의 공격을 막아주는 버퍼 존이 될 수도, 동시에 중국을 겨누는 비수도 될 수 있다. 중국에 위협적인 세력이 한반도를 통일할 경우 만주 지역 등의 안전은 담보될 수 없으며 중국의 안정도 흔들릴 가능성이 있다. 1979년 베트남과 전쟁까지 치러야 했던 중국이 한반도의 '변화'보다 안정을 최우선하는 것도 이 때문이다.[8]

한편 북한의 입장은 더욱 곤궁하다. 냉전이 끝난 이후 약 30년간 경제 제재와 국제적 고립은 더 가속화됐고 그동안 거의 유일한 우방이라고 할 수 있는 중국의 필요성은 그만큼 커졌다. 유엔에서 중국과 러시아의 비토권도 중요하다. 구체적으로, 핵 문제부터 종전선언 이후 정전협정을 대체할 평화협정 그리고 평화체제 구축이라는 장기적 과정 속에서 중국의 도움과 협력은 필수적이다. 어떤 일이 되게는 못 해도, 안 되게는 할 수 있는 능력이 중국에는 있다. 북한 시선으로 보면 미국은 (절대) 믿을 수 없고, 정권에 따라 얼굴을 달리하는 한국 정부 역시 신뢰하기 어려운 존재다. 과거 소련과 중국 사이에서 그러했듯 북한은 여전히 중국-러시아 사이에서 그리고 미국-중국 사이에서 복잡한 줄타기 외교를 하고 있는 상황이다.

다시 강조하지만 동맹은 좋아서 맺지 않는다. 필요에 의해 맺는다. 철저히 자국의 안보와 이익을 위해서다. 중국이 여전히 북한의

---

8   김기수, "중국은 왜 결정적일 때 북한편만 드나: 미중갈등 커지면 '북 전략적 가치'도 커져", 내일신문, 2011.12.23.

전략적 가치를 인정하는 한, 북한이 이렇다 할 동맹을 찾지 못하는 한 양국 관계는 시진핑의 언급대로 '운명공동체'로 남을 가능성은 늘 존재한다.

이와 관련해 2022년 1월 미국 의회 보고서는 북중 관계를 '전략적 균열(strategic rift)' 상태로 규정한 바 있다.[9] 불가피하게 협력은 하지만 궁극적으로 전략적 목표가 다르다는 지적이다. 중국은 한반도 안정(stability)을 최우선으로 하고 전쟁·난민·미군 개입 확대 등을 가장 우려한다. 반대로, 북한은 체제 생존을 위한 핵·미사일 개발과 함께 위기 고조(혹은 북미 대화) 자체를 중국에 대한 협상 지렛대로 활용하고 있다는 분석이다. 당초 김일성 시대부터 구상된 핵, 미사일 개발은 중국과 러시아를 겨냥했다는 것도 역사적인 사실이다.

"명목상 동맹 관계임에도 불구하고, 중국과 북한 사이에는 70년 이상 긴장과 심지어 적대감이 존재해 왔다. …중국 정부와 연계된 학자들은 북한이 중국의 이익을 희생시키면서 미국 쪽으로 재정렬할 수 있다는 우려를 여전히 공개적으로 표명하고 있다. 한편, 관계에 대한 공개적인 긍정적 수사에도 불구하고, 평양은 중국과 일정한 거리를 유지해 왔으며, 중-북 국경을 엄격히 통제하고 중국이 제안한 신종 코로나 바이러스 감염증(COVID-19) 백신도 거부해 왔다."(2022.1)

---

9 앞의 기사

북-러 밀착: 무기와 자원 그리고 반미 공조

2025년 10월 10일 밤 개최된 노동당 창건 90주년 열병식에서 독특한 장면이 포착됐다. 인공기와 함께 러시아 국기가 나란히 등장한 것이다. 김정은 양옆으로 러시아 내 서열 2인자(드미트리 메드베데프 국가안보위원회 부의장), 중국 내 서열 2인자(리창 국무원 총리), 럼 베트남 공산당 서기장 등이 지켜보는 가운데 일군의 부대원은 보란 듯이 두 개 국기를 함께 들고 행진했다. 러시아 매체 RT는 "이 병사들은 러시아 군대와 함께 쿠르스크에서 싸웠다"고 밝혔고, 조선중앙통신은 "조선인민군의 위대한 새 역사를 창조하고 조선사람의 기개를 남김없이 떨친 무적의 해외작전부대종대가 위대한 영장의 사열을 받으며 위풍당당히 주석단 앞을 지나갔다"고 전했다.[10]

북-러, 피를 나누다

2024년 10월 한국 사회를 발칵 뒤집는 소식이 전해졌다. 북한이 러시아를 돕기 위해 군인을 파병했다는 국정원 발표였다. 10월 18일 국정원은 보도자료를 통해 "북한군의 동향을 밀착 감시하던 중 북한이 지난 8일부터 13일까지 러시아 해군 수송함을 통해 북한 특수부대를 러시아 지역으로 수송하는 것을 포착, 북한군의 참전 개시를 확인했다. 러시아 태평양함대 소속 상륙함 4척 및 호위함

---

10 박수윤·김효정, "北열병식에 새 ICBM 화성-20형 등장… 최강 핵전략무기체계", 연합뉴스, 2025.10.11.

3척이 같은 기간 북한 청진·함흥·무수단 인근 지역(붙임1)에서 북한 특수부대 1,500여 명을 러시아 블라디보스토크로 1차 이송 완료했고, 조만간 2차 수송 작전이 진행될 예정이다. 러시아 해군함대의 북한 해역 진입은 1990년 이후 처음이다. 또한 러시아 공군 소속 AN-124 등 대형 수송기도 블라디보스토크와 평양을 수시 오가고 있다.”고 밝혔다. 당시 거론됐던 ‘폭풍군단’은 예하에 총 10개 여단(저격여단 3개, 경보병여단 4개, 항공육전여단 3개로 구성)을 두고 있으며 수도권 및 후방 침투 임무 등을 수행하는 특수전 부대로 알려졌다.[11]

앞서 4개월 전인 2024년 6월 푸틴 대통령이 24년 만에 평양을 방문해 ‘포괄적 전략 동반자 관계 조약’을 맺은 이후 실제 행동에 옮긴 것이다. 내부 반발이 뻔한 상황에서 정치·경제적으로 고립된 김정은의 극약처방으로 해석됐다. 파병 약 6개월 뒤인 2025년 4월 26일 발레리 게라시모프 러시아 총참모장은 북한의 파병 사실을 확인했고 이틀 뒤 북한도 공식 인정했다. 〈노동신문〉은 4월 28일 1면에 조선노동당 군사위원회의 〈서면 입장문〉을 싣고 “로씨야(러시아) 연방에 대한 우크라이나 당국의 모험적인 무력침공을 격퇴하기 위한 꾸르스크(쿠르스크) 지역 해방 작전이 승리적으로 종결됐다”며 “국가수반의 명령에 따라 작전에 참전한 우리 무력 구분대들은 높은 전투 정신과 군사적 기질을 남김없이 과시했다”고 밝혔다. 김정은은 “정의를 위해 싸운 그들은 모두가 영웅이며 조국 명예의 대표자들”이라고 강조했고 얼마 뒤에는 유가족들을 직

11　이유정, “김정은이 숨긴 러 파병, 軍이 확성기로 北주민에 알렸다”, 중앙일보, 2024.10. 21.

접 위로하는 행사(8월)도 마련했다.[12] 푸틴은 쿠르스크 탈환을 선언하는 성명에서 김정은에 감사를 표하며 "영웅적 행동을 절대 잊지 않을 것"이라고 밝히는가 하면(4·28 성명), 드미트리 페스코프 크렘린궁 대변인은 "조약에 따라 필요 시 북한에 군사지원을 제공할 수 있다"며 "특별군사작전(우크라이나전) 경험을 통해 러시아와 북한 간의 조약이 얼마나 효과적으로 작동하는지 알 수 있었다"고 강조했다.[13]

일련의 과정을 자세히 서술하는 이유는 2022년 우크라이나 전쟁이 북한-러시아 관계에 거대한 전환점을 가져왔기 때문이다(특히 북한이 전장에서 실질적인 경험을 쌓는다는 것은 한국에 직격탄이다. 북한군의 능력 향상은 군사적으로 제로섬 관계인 한국에 악영향을 미친다).

북한은 절대적으로 의존해 왔던 중국과의 관계가 소원해진 상황에서 경제 및 안보 문제를 해결할 돌파구가 필요했고, 무엇보다 다가오는 2025년은 '경제 5개년 계획'을 마무리하고 성과를 내야 하는 시기이기도 했다. 러시아 역시 국제적으로 고립된 상황에서 당장 병력과 무기가 필요했고 이때 북한은 완벽한 파트너였다. 북한은 훈련된 군인과 무기를 즉각 지원했고[14], 그 대가로 러시아는 북한에 절실

---

12 8월 30일 〈노동신문〉에 따르면, 김정은은 "영웅들이 남기고 간 자녀들을 혁명학원들에 보내 내가, 국가가, 우리 군대가 전적으로 맡아 책임적으로 잘 키울 것이며 아버지처럼 굳세고 용감한 투사로 우리 혁명의 골간 대오에 들여 세우겠다", "이역의 전장에서 싸우다 쓰러진 우리 군관, 병사들을 다시 일으켜 세워서 데려오지 못한 안타까움, 귀중한 그들의 생을 지켜주지 못한 미안한 마음을 안고 유가족들 모두에게 다시 한번 속죄한다"고 말했다. '최고존엄' 김정은이 할 수 있는 최대치의 발언이었다.

13 박준상, "北, 이제와 파병 공식 인정… 러 '필요시 북한에 군사 지원'", 국민일보, 2025.4.28.

14 Seth G. Jones, "Adversaries and the Future of Competition", Center for Strategic and International Studies, 2025.9.16.
북한은 러시아에 포탄(152mm 및 122mm 포함), 다연발 로켓 시스템, KN-23 및 KN-24 고체 연료 단거리 탄도 미사일, 병력 및 기타 방위 물자를 제공한 것으로 전해졌다.

한 물자와 자원(특히 에너지)[15], 기술 이전 등을 약속할 수 있었다.

일례로 2023년 9월 김정은이 5박 6일 일정으로 러시아의 보스토치니 우주개발 연구소 등을 직접 방문했을 때 푸틴은 '북한의 인공위성 개발을 도울 것인지' 묻는 기자에게 "그래서 여기에 온 것"이라고 기다렸다는 듯이 답한다. 다음 해인 2024년 6월 푸틴의 평양 방문과 동맹 조약 체결 (《포괄적 전략적 동반자 관계에 대한 조약》)의 과정은 향후 양국 관계가 얼마나 밀착될 것인가를 대내외에 공표하고 과시하는 장면이었다. 북러 조약의 핵심은 '쌍방 중 한쪽이 무력 침공을 받아 전쟁 상태에 처하면 다른 한쪽이 군사지원을 제공'하는 것이다. 한마디로 군사동맹이다. 북한이 공개한 전문에 따르면 이 조약은 총 23개 조항으로 구성됐고 '자동 군사개입' 내용은 제4조에 담겼다. '어느 일방이 침공을 받아 전쟁 상태에 처하면 유엔헌장 제51조와 조선민주주의인민공화국(북한) 및 러시아연방의 법에 준하여 지체 없이 자기가 보유한 모든 수단으로 군사적 및 기타 원조를 제공한다'는 내용이 핵심이다(2024년 11월 9일, 푸틴 공식 서명).[16]

"러시아와의 공고화된 전략적 파트너십은 김정은에게 더 많은 재정·군사·외교적 지원을 제공하고 있으며 이런 목표를

---

15 2024년 11월 22일 BBC에 따르면, 영국 비영리 연구단체인 오픈소스센터는 위성사진 분석을 근거로 러시아는 지난 3월 뒤로 북한에 석유 100만 배럴 이상을 공급한 것으로 추정했다. 이는 북한의 추가 핵무기 개발을 막기 위한 유엔 제재를 위반한 것이다. 공개된 위성 사진에는 지난 8개월 동안 모두 마흔세 차례에 걸쳐 북한 유조선 12척 이상이 러시아 극동의 한 수상송유장치에 도착하는 모습이 담겨 있다. 북한은 세계에서 유일하게 공개 시장에서 석유를 구매할 수 없는 국가다. 유엔 제재로 북한은 해마다 정제 석유를 50만 배럴까지 수입할 수 있다.

16 최혜승, "전쟁 처하면 상호 군사원조… 푸틴, 북러 조약 서명", 조선일보, 2024.11.11.

    동맹이라는 거짓말

강화하고 있다. …이는 중국에 대한 의존 및 지원을 위한 중국의 조건에 따를 필요성을 감소시키며 북한군에 진정한 전투 경험도 제공하고 있다. …김정은은 전략적 무기의 진전, 러시아와의 관계 심화, 북한의 경제적 내구성을 미국의 비핵화 요구에 대한 협상력 강화 및 제재 완화 필요성 감소(요소)로 보고 있다."[17]
— 털시 개버스(Tulsi Gabbard) 미국 국가정보국 국장(2025.3.25)

인적 교류면에서도 양국 관계가 얼마나 진전됐는지 가늠할 수 있다. 코로나19 이후 북한과 러시아 간 인적 교류가 중국보다 약 10배 많이 이루어진 것으로 집계됐다. 러시아와 군사 조약을 맺은 북한이 교육·문화 등 다양한 분야에서 러시아와의 밀착수준을 높여가고 있는 것으로 보인다.

윤후덕 더불어민주당 의원이 2025년 9월 통일부로부터 제출받은 자료에 따르면 2023년 7월~2025년 7월까지 북한과 러시아의 누적 인적교류 횟수는 78회, 중국은 8회로 집계됐다. 북한은 코로나19로 인해 2023년 상반기까지 해외 인적교류를 중단하다가 같은 해 7월 27일 정전협정일을 계기로 활동을 재개한 바 있다. 2023년 9회에 불과했던 러시아와의 인적교류는 2024년 42회, 2025년 27회로 크게 늘었다. 일본과의 인적교류는 2023~2024년 총 9회, 같은 기간 베트남과는 총 5회로 집계됐다는 것과 비교해도 러시아와의

---

17 Tulsi Gabbard, "Top US Intelligence Official: N. Korea Can Conduct Nuclear Test 'on Short Notice", Newsweek, 2025.3.

교류는 압도적으로 높은 것으로 나타났다.

한국 전쟁 이후 북-러 간 유례없는 밀착은 당장 옆에 있는 중국에 상당한 자극이자 미국과의 협상에서도 레버리지로 활용 가능한 다목적 포석이었다. 이런 자극은 결국 2025년 9월 전승절 당시 김정은에 대한 시진핑의 최고 수준 예우로 이어진다. 중국 입장에서는 북-러가 지나치게 가까워지는 것을 경계할 수밖에 없다. 중국의 영향력이 감소하기 때문이다.

"중국은 북한의 최대 교역 파트너로 남아 있지만 북한이 러시아 쪽으로 기울어지는 움직임에 대해 신중한 접근을 취하고 있다. 북한군의 파병이 푸틴의 전쟁 수행을 지원하기 위한 것이라는 점에 대해 중국이 실제로 어떻게 보고 있는지는 여전히 알려지지 않았다. 그럼에도 불구하고 중국의 가까운 파트너 두 국가 간에 급속히 강화되고 있는 양자 관계는 중국이 결코 외면할 수 없는 중대한 도전이 될 가능성이 크다."

— 영국왕립국제문제연구소(채텀하우스, 2024. 12)[18]

북-러 동맹, 유효기간은?

우크라이나 전쟁이 북한과 러시아를 고도로 밀착시켰다면 역으로 전쟁이 끝난 이후 상황은 어떻게 될까? '정산'을 끝내고도 과연 양국이 여전히 끈끈한 관계를 오랫동안 유지할 수 있을까?

---

18 "North Korea and Russia's dangerous partnership: The threat to global security from the Kim - Putin axis and how to respond", Chatham House(research paper), 2024. 12.

   동맹이라는 거짓말

역사를 들여다보는 이유는 어느 정도 힌트를 얻을 수 있기 때문이다. 1950년 한국 전쟁이 3년이나 이어질 때 김일성은 사실상 오시프 스탈린에 종속 상태였다. 경제, 안보 등 모든 면에서 절대적 의존을 해야 했기 때문에 양국은 '비대칭적' 관계였고 김일성은 소련의 후방 지원(그리고 중국 참전)에 의존해 전쟁을 이어갈 수 있었다. 하지만 1953년 스탈린 사망 후 3년 뒤, 이른바 '스탈린 격하 운동'이 벌어지면서 양국 관계는 멀어진다. 흐루쇼프가 1956년 '탈스탈린화'를 기치로 1인 독재 비판, 집단지도체제 및 개혁노선 등을 주장하고 실제 대북 지원을 대폭 줄이자 김일성은 위기감을 느꼈고 소련과 거리를 두기 시작한다. 이는 같은 해 8월 이른바 '종파 사건'으로 이어진다. 김일성은 종파 사건을 통해 정적들(연안파, 소련파 등)을 차례로 제거하고 완전한 1인 숭배·독재 체제를 구축하게 된다.

1960년대는 북한의 양다리 외교가 시작된 시기다. 중국과 소련 사이가 급격히 냉각되자 북한은 이 상황을 교묘하게 활용해 1961년 두 강대국으로부터 상호 원조 조약을 받아낸다. 불과 일주일의 간격을 두고 러시아 그리고 중국과 상호 동맹 조약을 체결한 것이다. 김일성은 이 시기 중국-소련 사이에서 줄타기 외교를 하며 군사·경제 지원을 받고, 동시에 '자주적 사회주의 모델'을 내세우며 주체 사상을 주입시키기 시작한다. 누구에게도 간섭받지 않는 국가를 만들겠다고 공언하며 주체 사상을 통해 북한 사회를 철저히 통제한 것이다. 1979년 소련이 아프가니스탄을 침공하며 10여 년간 전쟁이 이어지자 소련 국력은 심각한 타격을 입게 됐고, 이 시기 북한은 아프리카 등지로 외교 관계를 확대하기 시작한다. 이후 1984년 브레즈네프 사망 후 김일성은 최초로 국빈 방문을 하며 소련과 관계 회복에 나서게 된다(1984년 모스크바). 하지만 1990년 9월 소련이 한국과 수교를 맺자 북한은 강력히 반발하고 양국 관계는 사실상 단절되는 상황에까지 이르게 된다. 소련과 관계 단절과 소련 해체(1991)는 자연스럽게 북한의 대중국 의존도를 급격히 높이는 계기가 된다.

2000년대 이후 북러 관계는 비교적 순조로웠다고 평가할 수 있다. 푸틴 첫 집권(2000) 후 김정일 국방위원장이 러시아를 방문(2000년 8월)하면서 관계 회복의 계기를 마련한다. 특히 2006년 10월 북한이 첫 핵실험을 단행했을 당시 중국은 대북지원을 중단했지만 러시아는 북한을 비밀리에 지원했다는 얘기가 나왔다. 2011년 12월 김정일이 사망하고 자리를 물려받은 김정은은 2019년 처음 러시아를 방문하게 된다.

과거는 미래를 예측하는 데 도움이 된다. 국제사회에서 영원한 동맹은 없고 주지하다시피 수십 년간 북한은 러시아(소련), 중국 등 주변 강대국들과 변동폭이 큰 불안정한 관계를 유지해 왔다. 2025년 9월 3일 김정은의 중국 전승절 참석은 이런 맥락에서 의미가 있다. 지금은 푸틴과 김정은이 피를 나눈 형제라며 서로를 치켜세우지만 언제든 멀어질 수 있고, 김정은은 오히려 불안정한 미래를 대비하기 위해 그토록 불편한 중국과의 관계를 복원해야 했던 것이다.

채텀하우스는 "평양과 모스크바 사이의 이 새로운 협력 관계가

러시아의 군수품 수요에서 비롯되었다는 사실은 간과돼서는 안 된
다"면서 "실제 북한과 러시아는 양국 관계의 목표를 서로 다르게 인
식하고 있음을 반영하듯, 강화된 양자 관계를 서로 다른 용어로 지
칭하고 있다"고 지적한다. 김정은은 '동맹'이라는 단어를, 러시아는
'파트너십'이라는 용어를 주로 사용한다. 채텀하우스는 "이러한 의
도적인 용어 선택은 러시아가 원할 경우 북한에 대한 공약을 축소
할 수 있는 여지를 보여준다"면서, 다만 우려되는 점은 "우크라이나
전 종결 후 양국 정권 간 관계가 현재의 강도를 잃더라도 러시아가
북한을 완전히 버릴 가능성은 낮아 보인다"고 지적했다.[19]

---

19 Edward Howell, "North Korea and Russia's dangerous partnership The threat to global
security from the Kim – Putin axis and how to respond", Chatham House, 2024.12.

중-러: 불행은 나눠도 행복은 나누지 않는

"China and Russia can share miseries but not happiness(중국과 러시아는 불행은 나눠도 행복은 나누지 않는다)."

아무리 읽어도 흥미로운 문구다.

제2차 세계대전이 끝나고 마오쩌둥은 1949년 중화인민공화국 수립 후 소련의 스탈린과 동맹 관계를 맺었다. '중소 우호동맹 조약' 등을 통해 군사·경제 분야에서 협력을 강화했고 1950년 한국전쟁이 발발하자 소련은 무기를, 중국은 중공군을 파병하며 북한을 지원했다. 하지만 독재자 스탈린 사망(1953) 후 1956년 20차 당대회를 계기로 이른바 '스탈린 격하 운동'이 시작됐고 1인 독재와 사회주의-공산주의 교리 등을 두고 당시 소련과 중국(그리고 북한)은 계속 부딪혔다. 1958년 마오쩌둥은 소련과 결별을 다짐하고 새로운 모델을 꿈꿨는데 참담한 비극으로 끝난 '대약진 운동'이 그것이었다. 1959년 국경 갈등이 고조되면서 중국에 상주하던 소련 전문가 1,400여 명이 전면 철수했고 이는 중-소 동맹의 붕괴를 의미했다.

1960년대부터는 이념 경쟁에 더해 정치·군사적 갈등이 본격화됐다. 중국은 소련을 '수정주의'라고 비난했고 소련은 중국이 '좌경 모험주의'에 빠졌다고 조롱했다. 핵무기도 첨예한 문제였다. 소련은 원

---

20 소련과 중국은 1957년 10월 '신기술 이전 협정(New Defense Technology Agreement)'을 체결한다. 니키타 흐루쇼프 정권은 중국에 핵무기 개발에 필요한 기술과 자료를 제공하기로 약속했다.

자폭탄 기술을 공유하기로 했지만[20] 관계가 틀어지자 이를 철회했다. 이에 분노한 중국은 독자 개발을 통해 1964년 핵 실험을 하게 된다.

1969년이 되자 급기야 양국은 국경 분쟁으로 서로 총을 겨누게 된다. 그 해 3월 진바오다오 섬(소련명 다만스키 섬), 8월 타잔 지역 등에서 무력 충돌이 벌어졌고 양국에서 각각 수십 명의 사망자와 수백 명의 부상자가 발생한 것으로 추산됐다. 물론 '국경'은 표면적인 이유였고 이면에는 이념 경쟁, 과거 불평등 조약에 대한 중국의 불만 등이 켜켜이 쌓여 있었다. 당시 무력 충돌 때 핵전쟁 가능성까지 언급될 정도였다.

이 틈을 정확하게 파고든 것이 '현실주의자' 닉슨 대통령(1969~1974년 재임)이다. 중국과 소련 관계가 극도로 안 좋아지자 닉슨은 소련 봉쇄[21]라는 전략적 목표하에 중국에 성큼 다가갔다. 당시로서는 파격이었다. 그는 브레인 역할을 하던 헨리 키신저 국무장관을 밀사로 보내 '작업'을 시작했고 1972년 베이징 방문이라는 역사적 이벤트를 만들어낸다. 핑퐁 외교의 시작이었다. 1979년 중국과 베트남이 충돌했을 때 소련은 베트남을 지원했고 이는 다시 한 번 양국 관계를 악화시켰다.

이후 1982년 브레즈네프 연설(중국과 관계 개선 의지), 1986년 7월 미하일 고르바초프 연설(중국 측 요구였던 '세 가지 장애물 제거'에 대한 입

---

21 조지 케넌(George Kennan, 1904~2005)은 미국의 저명한 외교관이자 역사가이다. 케넌은 1946년 '장문의 전보(Long Telegram)'를 통해 소련의 팽창주의를 분석하며, 소련을 봉쇄(Containment Policy)해야 한다고 주장했다. 소련의 팽창을 막기 위한 봉쇄 정책의 이론적 토대를 마련한 것이었다.

장 표명)[22], 1989년 5월 고르바초프-덩샤오핑 정상회담(베이징) 등을 거치면서 양국 관계는 화해 모드로 접어든다. 양국은 1990년대 초부터 본격적으로 국경 문제를 봉합해 나갔고 2000년대 들어 국경 문제를 완전히 해소하게 된다. 이후 경제 협력은 물론 상하이협력기구 공식 출범(2001)을 통해 안보 협력으로까지 확대한다. 2014년 크림반도 강제병합으로 G8에서 쫓겨난 러시아는 정치, 외교, 안보, 경제 모든 측면에서 고립되기 시작한다. 이 얘기는 중국의 도움이 절실해졌다는 뜻이기도 했다. 실제 2014년 가스 협정('시베리아의 힘')을 통해 중국은 안정적인 에너지 공급을, 러시아 입장에서는 안정적인 수출 시장을 확보하게 된다. 양국이 군사 협력을 고도화하기 시작한 것도 이 무렵이다. 이런 가운데 중국과 러시아를 끈끈하게 이어붙인 것은 다름 아닌 트럼프였다. 2017년 시작된 트럼프 1기 행정부는 중국과 무역 전쟁을 시작했고 이어 바이든 행정부도 대중국 견제에 있어서는 트럼프 행정부에 못지 않았다. 2022년 우크라이나 전쟁, 2025년 트럼프 2기 출범 등 일련의 국제적, 지정학적 대격변은 양국을 '어쩔 수 없이' 더 밀착하게 만들었다. 미국 등 서방 세계로부터 외면당한 국가들은 서로 위로와 협력이 필요했다.

코로나19로 인해 전 세계가 '일단 멈춤' 상태로 위기를 맞은 가운데 가장 눈에 띄는 사건은 2022년 2월 푸틴의 베이징 동계올림

---

22 1986년 7월 말, 소련의 고르바초프 서기장은 블라디보스토크 연설을 통해 아시아·태평양 지역에 대한 소련의 포괄적 정책을 설명했다. 그는 소련을 아시아·태평양 국가 중 하나로 규정하며, 중국이 양국 관계 정상화를 위해 제시한 '세 가지 장애물' 중 두 가지를 긍정적으로 검토할 것임을 시사했다(두 가지 장애물은 소련 군대의 아프가니스탄 및 몽골 철수였다). 중국은 고르바초프의 연설에 전반적으로 신중한 반응을 보였으며, 특히 캄보디아 문제와 관련해 소련의 향후 행동을 면밀히 주시하겠다는 입장을 밝혔다. 한편, 고르바초프의 연설에 따라 1987년 2월 9년 만에 중·소 국경 협상이 재개되었다.(일본 외교부 〈블루북〉 참고)

                                                          동맹이라는 거짓말

픽 참석이었다. 우크라이나 침공 20일 전에 베이징을 유유히 찾아 시진핑과 반갑게 악수하고 양국은 바로 이 자리에서 저 유명한 'No Limits Partnership'을 선언한다. '제한 없는 파트너십'은 최고 수준의 전략적 파트너로서 서로를 인정한다는 의미였다. 2025년 전승절에 정점을 찍으며 이 끈끈한 관계는 현재까지 이어지고 있다.

그렇다면 실제 시진핑과 푸틴의 속내는 무엇일까?

이보다 더 좋을 순 없다?

2022년 우크라이나를 공습한 푸틴은 국제사회에서 왕따로 보였다. 서방 세력은 러시아를 일제히 규탄하면서 정치·경제·외교 등 전방위적으로 고립을 시도했다. 물론 자세한 내용을 살펴보면 국제 지형이 좀 복잡하다. 유엔 안보리 등에서 러시아를 정면 비판하는 결의안들이 중동 및 아프리카 지역 상당수 국가들의 기권 표명으로 오히려 러시아에 '의문의 1승'을 안겨주었기 때문이다.

이런 상황에서 중국의 행보는 더욱 주목받을 수밖에 없었다. 중국 정부는 공개적으로 이 전쟁을 비난하지도 옹호하지도 않는 애매한 입장을 취했다. 전쟁 발발 몇 주 후 시진핑과 당시 독일 총리 올라프 숄츠 간 정상회담에서 "핵무기 사용 또는 사용 위협에 공동으로 반대한다"라는 입장을 밝혔고, 이는 러시아의 우크라이나 침공한 이후 베이징이 공개적으로 내놓은 가장 강력한 표현이었다.[23] 러시아 측이 '전술핵 무기 사용 가능성'을 운운하자 중국 정부는

---

23 Julian Gewirtz, "How China Wins: Beijing's Advantages in a Revisionist Order", Foreign Affairs, 2025.6.24.

2022~2023년 사이 몇 차례 외교 경로를 통해 푸틴에게 '핵 위협 자제'를 경고한 것으로 알려졌다.[24] 중국은 그동안 러시아의 우크라이나 영토 합병을 공식적으로 인정하지도 않았고, 공개적으로 무기 지원을 해온 것도 아니다. 서방 세계와의 관계를 관리하기 위해 적당한, 혹은 애매한 입장을 고수해온 것이 사실이다. 그럼에도 불구하고 베이징과 모스크바는 주요 전략적 문제에 대해 여전히 확고한 입장을 공유하고 있다. 특히 미국(바이든, 트럼프 정부 불문) 정부와의 갈등 헤징(hedging), 저렴한 에너지, 군사 협력 등을 고려해야 하는 중국은 일단 러시아의 손을 잡은 것으로 보인다. 2026년 현재 양국 관계는 그들 표현대로 무제한 파트너십이자, '이보다 더 좋을 수 없다'.

우크라이나 전쟁 발발 이후 양국 관계의 진화 과정을 보자. 2022년 2월 4일(현지시간) 상하이에서 만난 시진핑과 푸틴은 '신시대 국제관계 선언'을 발표한다.[25] 확실한 전환점을 공개적으로 알리는 이 선언문 첫 문단은 "세계는 다극화(multipolarity), 경제 세계화, 정보사회 도래, 문화적 다양성, 글로벌 거버넌스 구조와 세계 질서 변화라는 일련의 과정과 현상을 목격하고 있다. 국가 간 상호 연관성과 상호 의존은 심화되고 있으며 세계 권력이 재분배되는 추세가 나타나고 있다. 국제사회는 평화롭고 점진적인 발전을 이끌어줄 지

---

24 Robert D. Blackwill and Richard Fontaine, "No Limits? The China-Russia Relationship and U.S. Foreign Policy", Council on Foreign Relations(CFR), 2024.12.

25 러시아 대통령실(크렘린궁) 홈페이지, "Joint Statement of the Russian Federation and the People's Republic of China on the International Relations Entering a New Era and the Global Sustainable Development", 2022.2.4.

　　　　　　　　　　　　　　　　　　　　　　동맹이라는 거짓말

도력에 대한 요구를 점점 더 드러내고 있다"로 시작한다. 이어 "양측은 민주주의가 일부 국가만의 특권이 아니라 보편적 인류 가치라는 공감대를 가지고 있다"고 지적하고 "일부 국가들이 자국의 민주주의 기준을 타국에 강요하거나, 민주주의 준수 여부를 독점적으로 평가하려 하거나, 이념을 기준으로 배타적 블록을 형성하는 것은 민주주의를 훼손하는 행위이며 그 본래 가치에 반하는 것이다. 이러한 패권적 시도는 국제·지역 평화와 안정에 심각한 위협이 된다. 양측은 민주주의·인권을 빌미로 타국에 압력을 행사하는 것을 반대한다". 사실상 미국을 겨냥한 발언들이다. 이어 가장 중요한 내용이 나온다.

"양측은 상호 존중, 평화 공존, 상호 이익 협력을 기반으로 하는 새로운 유형의 강대국 관계 수립을 촉구한다. 양측은 러시아와 중국 간의 새로운 국가 관계가 냉전 시대의 정치·군사 동맹보다 우월한 것임을 재확인한다. 양국 간 우정에는 한계가 없고, 협력에는 '금지된 영역'이 없다. 양국 간 전략적 협력의 강화는 어떠한 제3국을 겨냥한 것도 아니며 국제 환경의 변화나 제3국의 상황 변화에도 영향을 받지 않는다(The sides call for the establishment of a new kind of relationships between world powers on the basis of mutual respect, peaceful coexistence and mutually beneficial cooperation. They reaffirm that the new inter-State relations between Russia and China are superior to political and military alliances of the Cold War era. Friendship between the two States has no limits, there are no 'forbidden' areas of cooperation, strengthening of bilateral strategic cooperation is neither aimed against third countries nor affected by the changing international environment and circumstantial changes in third countries)."

2025년 시진핑은 러시아 전승절 80주년을 기념하기 위해 모스크바를 방문했고 크렘린궁에서 무려 7시간 30분에 걸쳐 회담(5월 8일)을 이어갔다. 당시 미국의 중재로 우크라이나 평화 협상을 진행 중이던 푸틴에게 확실하게 힘을 실어주는 자리로, "우크라이나 문제를 장기적으로 해결하려면 '근본 원인'을 제거해야 한다(공동성명)"고 밝혔다. 또한 양국은 일방주의·패권주의(霸權主義, hegemonic bullying, 逆流)에 공동 대응하고 진정한 다극화(multipolarity)와 보다 민주적 국제관계를 추진할 것을 촉구했다. 또한 양국 관계를 냉전식 군사동맹이 아닌, 더 높은 수준의 전략 파트너십으로 규정하고 군사 안보 협력강화를 다시 한번 확인했다.

공동성명에는 서방의 행보에 대한 대응, 나치주의와 군국주의 부활 저지, 하나의 중국 원칙 등 양국 영토 안정 지지, 유엔 헌장 수호 및 다극 세계 질서 구축, 브릭스 및 상하이협력기구 확대, 세계 전략적 안정 수호, 경제·농업·교육·우주·원자력·의료·환경 분야 협력 등 10개 조항이 담겼다. 이어 상하이협력기구 정상회담을 계기로 2025년 9월2일 개최된 중-러 정상회담에서 양국은 20여 건의 문서에 서명했고 특히 가스 분야에서 대규모 협력을 약속했다.

이로써 러시아-몽골-중국으로 이어지는 신규 가스관 건설 등 러시아의 숙원사업이 해결됐다. 양국은 2025년 잠수함 훈련 등 합동 군사훈련도 진행했다.

역(逆) 키신저 전략(Reverse Kissinger)?

외교전략가들의 주된 관심 중 하나는 '역 키신저' 전략이다. 즉 러시아와 중국을 어떻게 멀어지게 할 것인가가 핵심이다.

앞서 언급한 것처럼 1970년대 닉슨 행정부는 악화된 중-소 관계를 역이용해 중국을 자기 편으로 만들었다. 소련 봉쇄가 지상 최고의 전략 목표이던 시절이었다. 이제 시대가 바뀌어 중국이 부상하기 시작하자 워싱턴에서는 중국 견제라는 대의를 위해 러시아와 손을 잡아야 한다는 주장이 나오기 시작했다. 중국은 미국을 위협하는 유일한 도전자이며, 미국은 중국과 러시아라는 두 개의 전선을 동시에 감당할 수 없고, 무엇보다 중-러 동맹은 자연적인 것이 아니라 '강요된' 것이기 때문에 이 상황을 타파해야 한다는 주장이다.

이 전략에 대한 동의 여부는 일단 차치하더라도 관건은 '시도한다고 해서 과연 통할 것인가'이다. 미국이 과거 전략을 변주해서 러시아를 자신의 편으로 유도하려고 해도, 과연 중국-러시아기 미국이 원하는 대로 멀어질 것인가? 이에 대한 공방은 치열하게 진행중이다. 물론 트럼프의 종잡을 수 없는 러시아 관련 발언을 들어보면 전략이라는 게 있는 것인지도 의심스럽지만 말이다.

'역 키신저' 전략이 환상 혹은 망상에 가깝다고 주장하는 이들은 지정학적·경제적·전략적 이유 등 여러 근거를 들어 조목조목

반박한다. 2025년 4월 〈포린어페어스〉에 실린 글을 인용해 본다.[26]

"추상적으로 볼 때, 러시아를 중국으로부터 멀어지게 하여 미국의 이익에 부합하도록 힘의 균형을 재편하는 것은 매력적으로 들릴 수 있다. 그러나 현실에서 이 아이디어는 잘못된 것이다. 가장 중요한 점은 1970년대 냉전과의 유사성이 잘못되었다는 것이다. 당시 워싱턴은 중국과의 관계 개선을 위해 소련-중국 간 깊은 균열을 만들어내는 대신 이를 인식하고 활용했다. 오늘날 그런 균열은 존재하지 않을 뿐만 아니라 베이징과 모스크바는 진정한 전략적 동반자 관계다. 푸틴과 시진핑 모두 미국을 자국에 대한 최대 위협으로 간주하며, 수렴하는 물질적 이익과 공통된 독재적 가치관에 기반한 제도화된 관계를 구축해왔다. 푸틴 입장에서는 2028년 트럼프 임기 종료 이후 지속 여부를 알 수 없는 불확실한 워싱턴과의 관계를 위해, 러시아 민간 경제와 방위 산업에 대한 중국의 광범위하고 구체적이며 신뢰할 수 있는 지원을 포기할 이유가 없다. …오히려 푸틴은 미국이 관계 개선을 갈망하는 점을 이용해 러시아 경제와 군사력을 재건하는 동안 워싱턴과 베이징을 서로 견제하게 만들 것이다. 모스크바를 끌어들이려는 과정 자체도 해롭다. 미국이 러시아에 보여주는 호의는 유럽을 소외시키기 때문이다. 군사적으로 러시아가 미국

---

26 Michael McFaul and Evan S. Medeiros, "China and Russia Will Not Be Split: The 'Reverse Kissinger' Delusion", Foreign Affairs, 2025.4.4

동맹이라는 거짓말

에 제공할 수 있는 것은 나토보다 훨씬 적으며, 유럽연합과 비교해도 열등한 무역·투자 파트너다. 러시아를 끌어들이려는 시도는 강력하고 부유하며 믿음직한 동맹군을 약하고 가난하며 변덕스러운 파트너로 바꾸는 것을 의미한다. 이는 확고한 현실주의자 키신저조차 결코 하지 않았을 거래다."

2025년 2월 〈디플로마트〉에 실린 글도 유사한 맥락이다.[27] 저자는 "수십 년간의 제재, 나토 확장, 유럽에서의 상충되는 이해관계는 모스크바가 워싱턴의 의도를 깊이 의심하게 만들었다. 설령 미국이 화해의 손길을 내민다 해도 러시아가 역사적으로 적대적인 세력과의 불확실한 동맹을 위해 중국과의 안정적이고 상호 이익이 되는 관계를 위험에 빠뜨릴 가능성은 희박하다"면서 특히 러시아의 장기적 전략 목표는 미국보다 중국과 더 가깝게 일치한다고 지적한다. 그는 러시아가 중국에 도전할 능력이 제한적이라는 점도 또 다른 핵심 요소라면서 "수년 간의 경제 제재와 우크라이나 군사 지출로 인해 러시아는 아시아나 다른 지역에서 확대되는 중국의 영향력과 경쟁할 자원이 부족하다"고 주장했다. 일례로 2023년 중-러 무역 규모는 2,400억 달러에 달해, 520억 달러에 불과한 미-러 규모를 압도했다는 점을 강조한다.

2025년 7월 영국 국제안보 씽크탱크인 〈왕립합동군사연구소(Royal United Services Institute)〉에는 한 발 더 나아간 주장도 나온

---

27 Jianli Yang, "The Myth of a 'Reverse Kissinger': Why Aligning With Russia to Counter China Is a Strategic Illusion", The Diplomat, 2025.2.

다.[28]

"이미 언급했듯이 푸틴은 세계 질서 변경에 관한 자신의 사상에 일관성을 보이며 사실상 대통령 취임 초기부터 오랫동안 이를 표명해 왔다. …캐나다 경제 규모 수준에 불과한 러시아는 군사력을 제외하면 강대국 지위를 달성하거나 유지할 수단이 전혀 없으며, 따라서 이를 위한 다른 수단은 전쟁 외에 존재하지 않는다. 러시아 연방에 유리한 세계 질서 변화를 위한 이상적인 상황은 세계적 전쟁이며, 러시아는 1917년부터 1939년 사이의 소련처럼 이를 단순히 추구할 뿐만 아니라 모든 수단을 동원해 조장하고 있다.

러시아에 가장 바람직한 세계 대전 시나리오는 미국과 중국의 전쟁이다. 이는 양국을 약화시킬 뿐만 아니라 러시아가 유럽 전선에 더 자신 있게 집중할 수 있게 한다. 크렘린과 가까운 분석가들은 이런 시나리오가 러시아에 유리하다고 솔직히 말한다. 또한 러시아 정보기관이 전쟁 촉발 요인에 대한 정보를 적극적으로 수집 중이며 그중 대만 주변 갈등이 가장 유력한 시나리오로 꼽힌다는 사실도 알려져 있다."

그렇다면 정작 '원작자' 헨리 키신저(미 국가안보보좌관, 국무장관)는 작고하기 전에 어떤 얘기를 했을까? 2021년 그는 한 포럼에서 워싱

---

28 Oleksandr V Danylyuk, "Criticism of the 'Reverse Kissinger'", Royal United Services Institute for Defence and Security Studies, 2025.7.11.

  동맹이라는 거짓말

턴과 베이징 간의 긴장이 '세계에 가장 큰 문제'를 야기하며 이를 개선하지 못할 경우 냉전(Cold War) 위험이 있다고 경고했다. 이 발언은 당시 바이든 행정부가 중국과 강력한 경쟁을 추진하겠다고 공개적으로 밝히자 나온 반응이었다. 그는 냉전 당시에도 핵무기로 전 인류가 위기 앞에 놓였지만, 현재 미중의 경우 핵기술은 물론 인공지능 분야를 다투고 있기 때문에 두 국가의 충돌은 종말적 위협이 될 수 있다고 전망했다. 키신저는 "인류 역사상 처음으로 인류는 유한한 시간 안에 스스로를 멸종시킬 능력을 갖추게 되었다"고 경고했다.[29] 중국을 견제만 할 것이 아니라 '제대로 관리'하라는 뜻이었다.

행복은 나누지 않는다

역대급 관계라는 말이 곧이곧대로 들리지 않는 이유는 강대국 정치의 본질 측면에서도, 역사적 측면에서도 양국이 언제든지 다시 멀어질 수 있기 때문이다. '불행은 나누지만 행복은 나누지 않는다'는 역사의 격언이 지금이라고 과연 다를 것인가. 특히 양국은 국제 질서에 대한 입장도 전혀 다르다. 중국의 경우 (비록 미국이 만들어왔지만) 기존 질서에서 미국의 힘을 최대한 빼는 데 초점이 있다면, 러시아는 자신들에게 불리하기만 했던 국제 질서 자체를 전복해야 한다는 인식을 내비치기 때문이다.

"'중국은 기존 국제 질서에 의존하는 세계화의 최대 수혜자'

---

29 Vincent Ni, "Failure to improve US-China relations 'risks Cold War', warns Kissinger", Guardian, 2021.5.1.

라고 지적하는 반면, '러시아는 그 질서를 원망하며 스스로
를 그 피해자로 여긴다'라고 말한다. 이러한 구분을 시도하
는 것에 대한 평가와는 별개로, 가장 아이러니한 점은 트럼
프 행정부 관료들의 주장(루비오 국무장관 후보자의 발언, 즉 '전후
세계 질서는 우리에 맞서 사용되는 무기'와 같은)은 …피해자 의식(a
similar sense of victimization)을 반영하고 있다."[30]

역사적으로 강대국들은 서로 전쟁을 피하기 위해 때로 협력하
고 동맹이라는 울타리까지 만들지만 또 언제든 등을 돌리고 배신해
왔다. 행복도 권력도 나누지 않는다. 본능이고, 현실이다.

이와 관련 마크 루비오 국무장관은 2025년 2월 한 인터뷰에
서 "모스크바가 베이징의 '영구적인 하위 파트너(permanent junior
partner)'가 되어 두 핵 강국이 워싱턴에 맞서는 상황이 된다면 중국
과 러시아의 긴밀한 유대는 미국에 문제가 될 것"이라고 경고했다.[31]

이 발언에 발끈한 중국은 즉각 반박에 나섰다. 외교부 린젠(林
劍) 대변인은 정례 브리핑에서 "미국이 중국과 러시아 사이에 불화
를 조장하려는 시도는 실패할 운명"이라며 "중국과 러시아 모두 장
기적인 발전 전략과 외교정책을 갖고 있다. 국제 정세가 어떻게 변
하든 양국 관계는 자체 속도로 전진할 것"이라고 강조했다. '혹시
나' 러시아가 미국의 손짓에 유혹을 느낄 것을 우려한 중국측의 반

---

30 byJulian Gewirtz, "How China Wins: Beijing's Advantages in a Revisionist Order", Foreign
    Affairs, 2025.6.24.

31 "Rubio Says US Can't Let Russia Become China's 'Junior Partner'", Bloomberg, 2025.2.27.

응이었는지도 모른다.

당분간 중-러 양국의 전략적 목표는[32] 주요 글로벌 행위자로 부상, 유럽·인도-태평양·중동 및 글로벌 남부 지역에서 미국의 힘과 영향력 약화, 확실한 지역 패권 확보, 미국의 신뢰성 훼손, 미국의 민주적 가치 전파 방어(축소) 등으로, 서로 통하는 점이 있다. 다만 이러한 각각의 이해와 목적이 어느 정도 달성되면 이들은 언제든 멀어질 것이다. '행복은 나누지 않기' 때문이다. 특히 러시아가 중국에 더 많이 의존하는 불균형과 비대칭 관계라는 것을 감안하면 중국이 더 우월적인 위치에 있다. 중국의 등돌리기가 먼저일 가능성이 크다는 얘기다.

---

32 Robert D. Blackwill and Richard Fontaine, "No Limits? The China-Russia Relationship and U.S. Foreign Policy", Council Foreign Relations, 2024.12.

"소련이 붕괴한 뒤 러시아는 북한을 사실상 버렸다. 북한이 늘 지원 과정에서 지나치게 강한 영향력을 행사한다고 느껴 왔던 중국도 결국 한국을 승인했다. 북한 경제는 붕괴하고 있었고, 김일성은 외부 안보 환경을 개선하고 나라의 심각한 경제 상황에 집중하기 위해 워싱턴과의 관계 정상화를 모색했다. 김일성, 그리고 이후 그의 아들과 손자가 추구한 이중 전략(The dual-track strategy)은 외교와 핵 개발을 동시에 진행하는 것이었다. 상황에 따라 어느 한쪽을 더 강조하기는 했지만 두 가지 가운데 어느 것도 완전히 포기하지는 않았다. …이러한 과정들은 내가 설명하는 여러 결정적 전환점들(hinge points)로 이어지곤 했다.

(2018년 하노이 정상회담에서) 핵심은 트럼프가 협상 테이블을 떠났다는 점이다. …트럼프가 귀국했을 때, 양당 모두 그가 협상에서 물러난 것을 축하했다."[33]

억지 그리고 협상

누구 손에 쥐여 있든 핵무기의 목적은 분명하다. 억지력이다. 뻔한 얘기지만 세상의 모든 무기, 특히 '사용할 수 없을 만큼 막강한' 핵의 속성은 특히 그렇다(우크라이나 전쟁 이후 푸틴은 핵 사용을 배제하지

---

33 Interview: Siegfried Hecker on two decades of missed chances to deal with North Korea's nuclear program, Bulletin of the Atomic Scientists., By John Mecklin. 2023.2.20.

않을 것이라고 끊임없이 위협하기도 했다). 북한에도 그대로 적용된다. 김일성, 김정일, 김정은으로 이어지는 이른바 백두 혈통들에게는 최후의 보루였을 것이다. 핵은 억지력이자 나아가 체제 보장을 위한 협상 카드로 기능한다.

첫째, 억지력 측면을 보자. 냉전 시기 미국과 소련이 서로를 공격하지 못했던 이유는 양쪽 모두 핵을 갖고 있었기 때문이다. '내가 먼저 공격하더라도 반드시 보복 당해 같이 죽는다(상호확증파괴, MAD)'는 공포로 인해 핵은 역설적이게도 사용할 수 없는 무기가 됐다. 역사적으로 일본 히로시마, 나가사키를 제외하면 핵 무기가 사용된 적이 없다. 지구 전체에 파괴적인 영향을 미치기 때문이다. 현재 핵을 갖고 있는 국가(공식 5개국, 비공식 4개국)와 핵무기를 갖고자 희망하는 비핵국가 모두 욕망하는 바는 똑같다. 억지력과 자위권이다. 국제 테러조직 등 비국가 세력(non-state actors)들도 핵을 손에 넣기 위해 기회를 노린다.[34] 핵이 가장 효율적인 무기라고 판단하기 때문이다. 누군가는 핵을 '빈자의 무기'라고 표현했다. 비용이 많이 드는 재래식 무기를 감당할 수 없는 가난한 국가들이 '가성비 좋은' 핵을 끊임없이 욕망한다는 것이다.

둘째, 이른바 백두 혈통들에게 핵은 체제 보장용이지 협상 카드다. 지구상에서 냉전이 끝나지 않은 곳은 유일하게 한반도 한 곳뿐이다. 잔재와 불씨가 사라지진 않았지만 1990년대 동구권 몰락 이

---

34 2001년 9·11테러 사태 이후 국제 테러리즘에 대한 위기감이 최고조에 이르렀다. 2004년 4월 28일, 유엔 안전보장이사회는 비국가 행위자(non-state actors)가 핵무기, 생물무기, 화학무기와 그 운반수단 및 관련 물질을 획득하는 것을 방지하기 위한 조치인 '결의 1540호(UNSC Resolution 1540)'를 만장일치로 채택했다. 이 결의는 테러리스트들이 대량살상무기를 획득·확산·사용할 가능성이라는 위험을 직접적으로 다룸으로써, 기존 국제법의 공백을 메웠다.

후 대부분의 국가들은 통일과 독립 등의 과정을 통해 냉전이라는 과거를 떨쳐냈다. 명시적으로 남북한만 냉전 구도를 그대로 유지하고 있다. 지독히도 불행한 일이다. 전쟁을 '잠시' 중단하고 통일을 논의하자고 선언한 정전협정이 무려 1953년 일이지만 지금까지 진척이 없다.[35]

김일성에서 김정은으로 이어지는 독재 세습 국가에서 지상 최대의 목적은 체제 보장이다. 자신들의 기형적인 권력구조를 유지하는 것이 최상의 목표인 것이다. 국민의 삶과 인권은 나중 문제다. 중국만 하더라도 집단 지도체제 형식을 유지하면서 내부에서 권력이 순환되지만 (물론 시진핑이 예외를 만드는 중이다) 북한은 왕정 시대와 같이 김씨 일가만이 정권을 이어가는 독재 정권일 뿐이다. 이런 상황에서 체제 정당성을 확보하고 체제를 보장하기 위해서는 '적을 만들어서 내부를 결집'시켜야 한다. 한국, 미국 그리고 필요하면 때때로 중국으로까지 적의 전선을 확대시키고 조선민주주의인민공화국 체제를 유지하는 것이 그들의 목적이다. 동시에 핵, 미사일, 인공위성 개발 등을 통해 강력한 국가 이미지를 과시하면서 국민들을 내부적으로 결집시켜야 한다. 북한이 생각하는 '핵의 효용'은 자위권 차원에서 물리적이고, 체제 보존 차원에서 정치적이다. 북한 헌법에 '핵 보유국'이라는 단어를 새겨 넣은 이유다.

아무리 독재 국가라고 하더라도 굶고 병드는 국민들이 넘쳐나

---

35 휴전선을 사이에 둔 남북한은 성공한 국가, 실패한 국가의 전형을 보여주고 있다. 《국가는 왜 실패하는가》(시공사, 2012)에서 저자 대런 아세모글루와 제임스 A. 로빈슨은 남북한이 지리, 문화, 언어 등의 동일함에도 불구하고 제도·행정에 따라 얼마나 극단적으로 달라질 수 있는지 보여주는 좋은 사례라고 설명하고 있다.

동맹이라는 거짓말

는 상황을 원하지는 않을 것이다. 김정은이 트럼프와 만나 거래를 시도(2018·2019 북미 정상회담)했던 것도 국가 번영을 위한 나름의 노력이었다. 다만 전제는 국민의 삶 이전에 '김씨 일가 체제 보장'이 먼저다. 중국 성장을 보면서 북한은 질투와 압박감을 느끼고 동시에 묘안을 찾았을 것이다. 개방을 하더라도 사회주의를 유지하고 있는 중국식 사회주의 모델을 벤치마킹할 수 있다는 기대감이, 2018년 김정은을 트럼프와의 대화 테이블로 유도했다.

하노이의 비극

"동지들! 지난해(2018)는 70여 년의 민족분렬 사상 일찌기 있어본 적이 없는 극적인 변화가 일어난 격동적인 해였습니다. …조선반도의 비정상적인 상태를 끝장내고 민족적 화해와 평화번영의 시대를 열어놓을 결심 밑에 지난해 정초부터 북남 관계의 대전환을 위한 주동적이며 과감한 조치들을 취하였습니다. …력사적인 첫 조미수뇌상봉과 회담은 지구상에서 가장 적대적이던 조미관계를 극적으로 전환시키는 데 기여하였습니다. …완전한 비핵화에로 나가려는 것은 우리 당과 공화국 정부의 불변한 립장이며 나의 확고한 의지입니다. 우리는 이미 더 이상 핵무기를 만들지도 시험하지도 않으며 사용하지도 전파하지도 않을 것이라는 데 대하여 내외에 선포하고 여러가지 실천적 조치들을 취해왔습니다."

— 김정은 신년사(2019.1)

트럼프는 볼턴에게 자신이 작은 딜이라도 성공하는 것이 큰 뉴스거리가 될지 아니면 그냥 회담을 깨는 것이 더 큰 뉴스가 될지 물었다고 말한다. 볼턴은 그에게 '판을 깨는 것이 훨씬 더 큰 뉴스거리'라고 장담했다.[36] 2019년 제2차 북미 정상회담은 말 그대로 참사였다. '실패하는 정상회담은 없다'는 외교가의 오랜 상식이 철저히 깨진 역사적 현장이기도 했다.

핵을 틀어쥐고 체제를 유지해야 한다는 내부 강경파들의 반발(왕이 지배하는 조선 시대에도 파벌이 있었듯 북한에도 강경파 등 분파가 있다)을 무마시키며 미국과의 빅딜을 위해 60시간 이상 기차를 타고 하노이까지 갔지만, 김정은 입장에서는 완전한 뒷통수였다. 회담 결렬 이후 김정은의 철저한 입장 변화는 예고된 수순이었다.

여러 보도와 회고록 등에 따르면 당시 트럼프는 하노이에서 잠도 안 자고 열두 시간 시차가 있는 워싱턴의 의회 청문회에 골몰했다고 한다. 정적으로 변한 변호사 마이클 코언(Michael Cohen)이 청문회에서 어떤 말을 하는지, 언론은 어떻게 보도하는지 보느라 정신이 없었다는 것이다. 북한 측이 언급하는 용어에 대한 정확한 정리가 안 돼 있을 만큼 정상회담이라고 하기에 너무 부실했다는 평가도 나왔다. 협상 결렬 직후 기자회견에서 실무책임자인 최선희 외무성 부상은 "우리는 (영변 내) 고농축 우라늄 생산 능력이 있는 이 공장까지도 영구적으로 폐쇄할 수 있다고 제안했다"며 그럼에도 미국이 협상을 깼다고 분노했다. 당혹감도 역력했다. 북한을 수

---

36 시그프리드 헤커,《핵의 변곡점》, 창비, 2023.

  동맹이라는 거짓말

차례 방문하고 북한 당국 초청으로 우라늄 핵 시설까지 직접 시찰한 세계적 핵전문가 시그프리트 헤커 박사 표현에 따르면 '영변은 핵 시설의 심장'이다. 북한 입장에서는 거의 모든 것을 포기하겠다는 선언과 다름없었지만 이 말의 의미를 못 알아들었거나(트럼프), 못 알아듣는 척(존 볼턴)[37] 했던 것이다.

특히 김정은이 1차 싱가포르 회담 이후 트럼프에 보낸 많은 편지에는 '핵무기연구소 완전 폐쇄'까지 언급됐었다.[38] 헤커 박사는 "(핵 프로그램 두뇌에 해당하는) 핵무기연구소 완전 폐쇄는 이전에 한 번도 등장한 적이 없었던 얘기"라면서 매우 주목할 만한 제안이었다고 강조했다. 헤커 박사는 2023년 한 매체와의 인터뷰에서 "김정은이 핵무기 프로그램을 축소하기 위해 큰 조치를 취할 의향이 있었다고 믿는다"며 다음과 같이 말했다.

"하노이 회담이 오늘날에 미치는 파장을 먼저 살펴보겠습니다. 김정은은 큰 망신을 당한 채 자리를 떠났습니다. 저는 하노이 정상회담 직후 트럼프가 회담을 중단한 것이 옳았다고 주장하는 이들에 반박하는 글을 썼습니다. …이후 평양은 다시 핵 프로그램을 최우선 과제로 삼았습니다. 외교는 뒷선으로 밀려났을 뿐만 아니라 김정은이 워싱턴과의 접촉을 끊은

---

37 트럼프 1기 행정부에서 백악관 국가안보보좌관을 지냈다. 북미 정상회담 실패의 주역으로 꼽힌다. 이후에는 트럼프와도 사이가 멀어졌고, 급기야 2025년 10월 트럼프 정부의 연방검찰은 존 볼턴을 국가기밀유출 등의 혐의로 기소한다.

38 Bob Woodward,《Rage》, New York: Simon & Schuster, 2020, p. 172.
    국내 번역서 제목은《분노》

것으로 보입니다. 트럼프는 하노이 이후 다시 시도했습니다.
그는 비무장지대에서 김정은을 만났지만 이미 때는 늦었습
니다….".39

문제는 이 같은 사태 이후 상황이 더 악화됐다는 데 있다. 특히
2022년 5월 대북 강경책을 예고했던 윤석열 정부가 시작됐고 이후
한미일 군사 협력 기조는 보다 뚜렷해진다. 남북 양측에서 나온 도
발적인 발언들로 위기감이 고조되는 가운데 북한은 2023년 12월
'적대적 두 국가'를 선언한다.40 김정은은 남북을 적대적 두 국가로
규정하며 흡수통일을 하려는 남한을 두고 "대한민국 것들과는 그
언젠가도 통일이 성사될 수 없다"고 선언한다. 2024년 1월 최고인
민회의에서는 "동족 관계, 동질관계가 아닌 적대적인 두 국가관계,
전쟁 중인 두 교전국 관계로 완전히 고착됐다"며 "남조선 영토 평정
을 위한 대사변 준비"를 지시하기도 했다. 이로써 2000년 6·15선언
부터 현재까지 수십 년간 약속했던 남북 합의는 모두 무효가 됐고,
군사 충돌 방지에 핵심 역할을 했던 2018년 '9·19 군사합의'까지
파기되고 만다. 남북 모두의 도발적 언사와 태도로 인해 언제든 우
발적 충돌이 발생하더라도 이상하지 않은 상황으로 흘러갔다[얼마

---

39 Interview: Siegfried Hecker on two decades of missed chances to deal with North Korea's
    nuclear program, Bulletin of the Atomic Scientists., By John Mecklin. 2023.2.20.

40 남과 북은 국제법상 두 국가다. 1991년 9월 유엔 동시 가입이 계기가 됐다. 유엔에는 '국가'만
    가입할 수 있다. 당시 남북 고위급 회담에서 북한은 '남북 단일 의석'으로 유엔 가입을 주장했
    다. 두 국가를 만들지 말자는 이유에서다. 반면 남한은 별도로 가입하되, 남북이 '특수관계'임
    을 공동으로 선언하자고 제안했다. 합의 결과 1991년 12월 남북기본합의서가 발표됐다. 여기
    엔 남북이 '나라와 나라 사이의 관계가 아닌 통일을 지향하는 과정에서 잠정적으로 형성되는
    특수관계'라는 합의가 담겼다.

                                        동맹이라는 거짓말

후 윤석열이 내란(불법 계엄)을 위해 무인기 등 온갖 수단을 강구하며 북한을 자극했다는 사실이 드러난다].[41]

앞서 김정은은 문재인에 대한 원망에도 불구하고 2022년 4월 퇴임을 앞둔 문재인과 친서를 주고받으며 우의를 확인하기도 했지만, 윤석열 정부 이후 남측에 더 이상 어떤 기대도 가질 수 없다고 판단한 듯 보인다. 바이든 정부 역시 우크라이나·가자지구 전쟁 등의 영향으로 북한 문제를 방치해서 '제2의 전략적 인내'라는 비판을 받았다.

2023년 8월 29일 김정은은 북한 해군사령부 방문에서 "얼마 전 미국, 일본, '대한민국' 깡패 우두머리들이 모여앉아 3자 사이의 각종 합동군사연습을 정기화한다는 것을 공표하고 실행에 착수했다"며 한미일 3국을 재차 겨냥했다.[42] 급기야 2023년 8월 김여정 부부장은 남한을 향해 "제발 의식하지 말며 살았으면 하는 것이 간절한 소원"이라고도 했다. 김정은과 김여정의 발언에는 분노보다 더 큰 공포가 녹아 있다. 이재명 정부 초대 국정원장인 이종석 박사는 2024년 9월 〈한겨레〉와 인터뷰에서 "'가장 적대적인 관계'라는 김정은 위원장의 주장은 '우리의 주적은 북한'이라는 윤석열 정부에 대응한 측면이 있다. 남쪽 정부의 대북정책이 비꾸면 달라질 여지가 있다"고 전망했다. 반면 "'두 개 국가' 주장은 북한의 처지를 고려한 김정은 위원장의 오랜 생각이라 쉽게 바뀌지 않을 것 같다"고

---

41 12·3 불법 계엄 관련 내란·외환 의혹을 조사하는 조은석 내란 특별팀이 윤석열 전 대통령을 일반이적 혐의로 추가 기소했다. 불법 계엄 명분을 위해 북한에 무인기를 불법 침투시켰다는 혐의 등이다. 일반이적죄는 형법상 외환죄에 속하는 범죄로, 전직 대통령으로서는 처음이다.
42 "김정은 '대한민국' 표현 첫 사용'…전문가 '비하 의미'", 자유아시아방송, 2023.8.29.

전망했다.[43]

2025년 6월 취임한 대통령 이재명은 단계적 비핵화 등을 제안하며 북한과 관계 개선 메시지를 여러 차례 보냈지만 김정은은 제14기 제13차 회의(2025.9.21)에서 '비핵화'라는 단어를 (비난조로) 무려 열두 번이나 언급하며 '북한은 헌법에 각인된 핵 국가'라고 강조한다.

"올해에 미국과 한국에 새로 들어선 정권들이 우리와의 대화에 열려 있다, 관계개선을 추구한다는 추파를 던지고 있지만 궁극적으로는 우리의 힘을 약화시키고 우리 제도를 무너뜨리려는 그들의 본색은 절대로 달라질 수 없습니다. 얼마 전 그들이 그 무슨 '단계적 비핵화'라는 개념을 들고 나왔는데 이로써 그들은 우리와 마주앉을 수 있는 명분과 기초를 제손으로 허물어버렸습니다.

나는 미국과 한국이 우리와 마주앉을 필요성에 대해 세인을 인정시킬 만한 근거가 있을 것이라고 생각하지 않습니다. '비핵화'라는 개념은 이미 그 의미를 상실하였습니다. 우리가 핵보유국으로 변천되게 된 것은 우리 국가의 생존이냐 사멸이냐 하는 갈림길에서 취한 필수불가결의 선택이었습니다. 바로 그래서 우리는 핵보유를 그 어떤 경우에도 다칠 수 없고 변화시킬 수 없는 신성하고 절대적인 것으로 공화국의 최고법에 명기한 것입니다. 이제 '비핵화'를 하라는 것은 우

<hr>

43　이제훈, "이종석 전 장관, 통일 지향하되 '잠정적 두 국가' 현실 인정하자", 한겨레, 2024.9.27.

　　　　　　　　　　　　　　　동맹이라는 거짓말

리더러 위헌 행위를 하라는 것입니다."

— 김정은 연설(2025.9.21)[44]

윤석열 정부 이후 극도로 악화된 남북 관계 그 자체도 문제지만 국제 정세가 한반도 상황을 더욱 악화시키고 있다. 전술한 대로 과거 핵을 포기했던 우크라이나는 러시아의 공격을 받아 4년째 전쟁 중이다. 바이든에 이어 들어선 트럼프는 우크라이나에 나토 가입 포기, 영토 포기 등을 압박하며 푸틴의 입장을 대변하고 있다. 특히 2025년 6월 이스라엘과 손잡고 이란 핵 시설을 폭격한 미국을 보면서 김정은은 다시 한번 핵 능력 증진을 다짐했을 것이다. 김정은 표현대로 '생존이냐 사멸이냐 하는 갈림길에서 취한 필수불가결의 선택'이기 때문이다. 과거 핵을 포기한 우크라이나와 아직은 핵 개발 추진중이었던 이란을 보면서 핵개발 강박과 함께 러시아와 중국 쪽에 밀착한 것은 국제 관세 성격상 필연이다. 미국 내 일각에서도 '외교의 실패'라는 탄식이 나오는 배경이다.

2025년 9월 〈포린어페어스〉에 글을 올린 비핀 나랑(Vipin Narang, MIT 정치학과 교수)과 프라나이 바디(Pranay Vaddi, 백악관 NSC 선임국장)는 "80년간 대체로 성공적이었던 비확산 정책의 관행과 경험을 뒤엎겠다고 위협하는 미국의 태도는 동맹국과 적대국 모두에게 자체적인 핵 보험 정책을 모색하도록 부추기고 있다. 12일간의 전쟁(이란 공습)은 그들을 그 생각에서 벗어나게 하지 못할 것이다. 미래의

---

44 김정은, 최고인민회의 제14기 제13차회의 연설, 조선신보, 2025.9.22.

잠재적 핵 확산국들에게 2015년 이란과 체결한 협정 같은 약속을
미국이 지킬 것이라고 믿는 것은 위험한 내기처럼 보인다"고 썼다.
미국의 이란 핵 프로그램에 대한 군사적 조치는 핵 확산을 꾀하는
국가들의 핵무기 개발 행보를 가속화하고 더욱 완고하게 만들며,
은폐하는 결과를 초래할 수 있다는 지적이다.[45]

트럼프 활용법

"만약 미국이 허황한 비핵화 집념을 털어버리고 현실을 인정
한 데 기초하여 우리와의 진정한 평화공존을 바란다면 우리
도 미국과 마주서지 못할 이유가 없습니다. 나는 아직도 개
인적으로는 현 미국 대통령 트럼프에 대한 좋은 추억을 가지
고 있습니다.

이 기회에 한국과의 관계에 대한 우리의 립장을 보다 분명히
하고자 합니다. 우리는 한국과 마주앉을 일이 없으며 그 무
엇도 함께 하지 않을 것입니다. 일체 상대하지 않을 것임을
분명히 합니다. 우리와 대한민국은 지난 몇 십 년 동안 국제
사회에서 사실상 두 개 국가로 존재해 왔습니다. 조선반도에
지구상 가장 적대적인 두 국가, 전쟁 중에 있는 두 교전국이
첨예하게 대치해 온 것은 엄연한 현실입니다."

— 김정은 연설(2025.9.21)

---

45 Vipin Narang and Pranay Vaddi, "The North Korean Way of Proliferation: What Aspiring
Nuclear Powers Learned From Israel's Strikes on Iran", Foreign Affairs, 2025.9.5.

김정은은 2025년 9월 최고인민회의 제14기 연설에서 이재명 정부의 단계적 비핵화를 비웃고 '한국과는 마주앉을 일이 없다'고 강조하면서도 트럼프 정부에 대해서는 전혀 다른 반응을 보인다. 조건을 달긴 했지만 "미국과 마주서지 못할 이유가 없다"면서 "나는 아직도 개인적으로는 트럼프에 대한 좋은 추억을 가지고 있다"고까지 표현한다. 이쯤 되면 연애 편지다. 한국은 철저히 외면하면서 트럼프와의 만남은 고대한다는 명확한 메시지다. 참고로 트럼프는 2025년 1월 20일 취임식 당일부터 김정은을 찾았고 10월 말 APEC정상회의를 계기로 한국 경주(10월 29~30일 국빈방문)에 오는 길에도 수차례 그와의 만남을 요청했다. 집요하다 싶을 정도의 러브콜이었다.

이쯤 해서 미국 정부는 북한을 어떻게 생각하는지, 특히 트럼프는 북한을 어떻게 활용할 생각을 하는지 정리해 볼 필요가 있다. 다소 어색한 표현이지만 미국 정부 차원과 개인 '트럼프' 차원은 얼마간 구분할 필요가 있다. 트럼프라는 인물은 국익에 앞서 자신의 이익이 더 중요한 사람이기 때문이다.

미국 차원의 전략적 구상을 한 줄로 표현하자면 '중국을 견제하기 위해 북한을 활용하자, 어차피 북한도 중국에 대한 원한을 갖고 있기 때문에 미국이 군사 동맹을 맺어준다면 핵을 포기할 수 있다'라는 주장이다. 북핵은 체제 보장, 정권 연장을 위한 협상용이기 때문에 그들이 주장하는 위협(미국의 적대시 대북 정책)의 원인을 제거해주면 북한도 핵을 포기할 수 있다는 맥락이다.

이와 관련, 2022년 1월 24일 미-중 경제안보심의위원회(USCC, U.S.-China Economic and Security Review Commission)에서는 유의미한

보고서가 나온다. USCC는 2000년 설립된 미 의회 직속 독립 기구로 이곳의 정책보고서 등은 의미를 갖는다. 상·하원, 특히 국방·외교·정보·통상 입법 과정에 참고 자료가 되기 때문이다. 보고서 〈중국－북한 전략적 균열: 배경과 미국에 대한 함의(The China－North Korea Strategic Rift: Background and Implications for the United States)〉의 핵심은 "중국과 북한은 겉으로 보기에 동맹이지만 사실 양국 갈등은 심각하고, 미국은 이 균열을 활용해 북한을 전략적으로 활용해야" 한다는 것이다. 닉슨이 소련 견제를 위해 중국을 활용했던 것처럼 이제는 북한을 전략적으로 이용해야 한다는 의미다. 실제 북한은 중국을 '천년의 적(thousand-year enemy)'이라고 비난하며 은밀히 미국과의 관계 개선을 모색해왔고 중국 관변 학자들은 북한의 존재를 '중국에게 무거운 부담(a heavy burden)', '중국의 잠재적 적(latent enemy)'으로 규정해 온 것이 현실이다.

보고서는 미국에 주는 외교적 함의(결론) 부분에서 "첫째, 중국－북한 간 긴장은 인도·태평양 지역에서 중국 외교가 직면한 보다 광범위한 도전을 반영한다. 중국의 유일한 조약 동맹국조차 중국을 신뢰하지 않는다는 사실은 베이징과 관계를 맺는 많은 국가들의 관계가 기회주의적 성격을 띠고 있음을 보여준다"고 지적한다. 이어 "중국은 자국을 배제한 채 북한이 미국과 협상하려는 어떠한 시도도 강하게 견제할 것"이라고 경고한다. 실제 북한은 2018~2019년 북미 정상회담 과정에서 중국을 배제하려는 움직임을 보였고, 때문에 시진핑은 2018년 싱가포르 회담 직전 처음으로 중국을 찾은 김정은을 극진히 모셔야만 했다. 보고서는 "북중 균열은 미국 외교에 기회를 제공"한다면서 문재인 대통령이 제안한 '종전선언'도 미국 외교에서 추가적 기회를 제공할 수 있다고 조언했다. 가장 이상적인 남북 평화 구상 수순은 비핵화를 전제로 한 남북 종전선언—북미 관계 정상화(수교)—북한 비핵화 등이 '동시적, 단계적'으로 이행되는 것이다.

트럼프와 그를 지탱하는 마가 세력의 세계관을 들여다볼 수 있는 싱크탱크인 '미국우선정책연구소(America First Policy Institute)'는 과거 한 보고서에서 북한 활용법을 언급한 바 있다. 2022년 5월 10일 한 보고서는 "공산 중국과 같은 전략적 적대국에 대응하는 과정에서 베네수엘라나 북한과 같이 고립된 적대국과 관계를 개선함으로써 확보 가능한 지렛대를 인식해야 한다"며 "적대국과의 관여에서 약속을 남발하는 것은 피해야 하지만, 특정한 조치가 취해질 경우 더 나은 관계가 가능하다는 잠재성을 분명히 하는 접근은 외교적 위기를 해결하는 데 유용한 수단"이 될 수 있다고 조언한다.[46] 큰 적을 막기 위해 작은 적과 손잡으라는 조언이다.

한편, 미국 정부 차원이 아닌 트럼프 차원의 구상에는 북한 부동산 투자를 통한 경제적 이익은 물론 '노벨평화상'이라는 믿기 어려운 목표가 존재한다.[47] 트럼프의 유일한 장점은 행간을 읽을 필요가 없다는 점이다. 생각하는 대로 말한다. 그의 모든 기준은 돈

---

46 "Maintaining America's Superpower Status: A Series on Restoring America's Credible Deterrence After Putin's Invasion of Ukraine", America First Policy Institute, 2025.5.10.

47 "Trump Links Greenland Threats to Nobel Peace Prize Snub", Bloomberg, 2026.1.19.
2026년 1월 19일 〈블룸버그〉에 따르면, 트럼프는 요나스 가르 스퇴르(Jonas Gahr Støre) 노르웨이 총리에게 보낸 편지에 "당신의 나라가 여덟 개 이상의 전쟁을 중단시킨 나에게 노벨평화상을 주지 않기로 결정했기 때문에, 나는 이제 더 이상 평화만을 생각해야 한다는 의무감을 느끼지 않는다"고 밝히며 "우리가 그린란드를 전적으로 통제하지 않는 한 세계는 안전하지 않다"고 주장했다. 노벨평화상을 주지 않았기 때문에 이제는 전쟁 등을 마음 내키는 대로 하겠다는, 황당한 내용이다.

이고 이런 속내를 숨기지 않는다. 사례는 많다. 2025년 2월 3일 이스라엘 네타냐후 총리와 정상회담에서는 가자지구 전쟁을 신속하게 끝내고 해당 지역을 고급 리조트로 만들겠다는 황당한 구상을 밝혔다. 트럼프는 이날 기자회견에서 "가자지구를 중동의 리비에라(Riviera, 지중해 연안 휴양지)로 만들겠다"며 가자지구에서 거주하던 팔레스타인인들을 강제 이주시키겠다고까지 했다. 옆에서 듣고 있던 네타냐후의 묘한 표정도 외교가에선 화제가 됐다.

부동산 개발업자인 트럼프는 이미 여러 차례 북한 개발에 관심을 보였다. 그는 2025년 1월 취임식 당일에도 북한과 정상회담 가능성을 거론하면서 싱가포르 회담 당시 김정은에게 해안가에 콘도를 지으라고 권한 적이 있다고 밝히기도 했다. 실제 2018년 그는 "북한에는 훌륭한 해변이 있다(They have great beaches)"며 멋진 콘도가 들어설 수 있다고 말했다. 북미 수교 → 부동산 개발 → 노벨평화상 수상이 그의 버킷리스트로 보인다.

한편 트럼프의 머릿속에서 남한과 북한은 얼마나 큰 비중을 차지하고 있을까? 2021년 1월 2일~2024년 11월 14일 사이 트럼프의 연설과 인터뷰를 분석한 결과, '북한'을 287회나 언급했다고 한다. 동맹인 한국(100회)보다 무려 세 배가량 더 많이 발언한 것이다. 트럼프는 주로 한국을 '거래(deals)', '관세(tariffs)', '무역(trade)'이라는 단어와 함께 언급했다. 국내에서 우려한 '주한미군 철수'같은 안보 주제보다 무역·경제 주제가 많았다.[48]

---

48 〈트럼프 스피치 분석 보고서〉, 법무법인 대륙아주, 2024.12.13.
　"트럼프 4년 동안 스피치 보니 북한 287번, 한국은 100번 언급", 법률신문, 2024.12.18.

동맹이라는 거짓말

한국의 군사 능력이 커지는 데 비례해 북한 역시 군사적으로 강해지고 있다. 더불어 중국과 러시아의 외교적·정치적·경제적 지원으로 과거처럼 유엔 혹은 미국 차원의 대북 제재가 힘을 발휘하기도 어렵다. 수십 년간 이어져 온 대북 제재가 더 이상 효용이 없다는 것은 이제 증명된 사실이다. 대북 제재가 효과적이었다면 이미 김정일 시대에 붕괴했을 것이다.

특히 지난 바이든 정부(2021.1~2025.1) 시기 워싱턴의 방관과 윤석열 정부의 호전적 태세 등으로 북한은 동맹을 찾기 시작했고 급기야 러시아 파병에까지 이르렀다. 유일하게 북한에 관심을 보인 미국 대통령이 백악관에 있는 동안 돌파구를 찾지 않으면 남북은 언제든 군사 충돌이 가능한 불행하고 불편한 일상을 기약 없이 살아내야 한다. 트럼프를 제대로 활용할 수 있는 외교적 방법을 모색해야 한다.

4장

대한민국 생존 전략

"이 거래는 더 이상 유효하지 않습니다. 단도직입적으로 말씀드리겠습니다. 우리는 전환이 아니라 파열(rupture)의 한가운데에 있습니다. 지난 20년 동안 금융, 보건, 에너지, 지정학 분야의 일련의 위기는 극단적인 글로벌 통합의 위험성을 드러냈습니다. 그러나 최근에는 강대국들이 경제 통합을 무기로, 관세를 지렛대로, 금융 인프라를 강압으로, 공급망을 취약점으로 악용하기 시작했습니다. …낡은 질서는 돌아오지 않는다는 것을 알고 있습니다. 우리는 그것을 애도해서는 안 됩니다. 향수는 전략이 아닙니다. 그러나 우리는 이 균열 속에서 더 크고, 더 나으며, 더 강하고, 더 정의로운 무언가를 만들어낼 수 있다고 믿습니다. 이것이 바로 중견국들의 과제입니다".

—캐나다 총리 마크 카니

다보스 연설(2026.1.20)

"인류는 역사상 가장 긴 평화와 공존의 시기를 지나고 있습니다. 모든 영역에서 저성장과 양극화가 심화되면서 이제 전 세계가 갈등과 대립을 넘어 극단적 대결과 대규모 무력 충돌을 향해 가고 있습니다. 우리는 외부의 군사 충돌에 휘말려도 안 되고 우리의 안보가 위협받아서도 안 됩니다. 강력하고 자율적인 자주국방이 현 시기 우리의 가장 중요한 과제입니다."

—대통령 이재명

유엔 연설 이틀 전 페이스북(2025.9.21)

"인류 역사상 가장 긴 평화와 공존의 시기가 저물어 가고 있습니다. 세계 각지에서 협력과 공동번영의 동력은 약해지고 갈등과 대립이 격화되는 각자도생의 시대로 진입하고 있습니다… 대한민국의 평화와 번영을 위해서는 누구에게도 의존할 것이 아니라 우리 스스로의 힘을 더욱 키워야 합니다. 어떠한 상황에서도 스스로의 안위와 평화를 지켜낼 수 있는 '강력한 자주국방의 꿈'을 현실로 만들기 위해 세 가지 약속을 드립니다."

— 대통령 이재명

건군 77주년 국군의 날 기념사(2025.10.1)

2025년 6월 취임한 대통령 이재명은 공식·비공식 경로를 통해 자주국방에 대한 입장을 명확히 드러냈다. 10월 1일 국군의 날 기념사에서 그는 "인류 역사상 가장 긴 평화와 공존의 시기가 저물어 가고 있다"며 "세계 각지에서 협력과 공동 번영의 동력은 약해지고 갈등과 대립이 격화되는 각자도생의 시대로 진입하고 있다"고 진단하고 자주국방의 필요성을 재차 강조한다. 앞서 9월에는 "중요한 것은 이런 군사력, 국방력, 국력을 가지고도 외국 군대가 없으면 자주국방이 불가능한 것처럼 생각하는 일각의 굴종적 사고입니다"라고 페이스북에 적었다. 이재명이 언급한 '강력한 자주국방'이라는 표현은 과거 노무현이 표명한 '협력적 자주국방'(2003년 8월 광복절 축사)에서 한 발 더 나아간 것이다. 미국 스스로 세계의 경찰 자리를 던져버린 상황에서, 특히 트럼프 행정부가 동맹들에게 '스스로 방위하라'고 노골적으로 압박하는 상황에서 북한과 대치하고 있는 대한민국의 선택은 사실상 하나다. 스스로 지키는 자주국방이다. 한국전쟁을 거치며 강력한 동맹인 미국에 의존해왔고 그 덕분에 경제 성장도 할 수 있었지만 이제는 세상의 질서가 변했고, 우리도 달라졌다. 자주국방은 생존의 문제다(백악관에서 젤렌스키 대통령을 공개적으로 모욕했던 트럼프를 기억하자).

미국 정부의 3대 핵심 문서 가운데 하나인 국가안보전략(NSS, 2025.12)은 트럼프 행정부의 정책 방향을 명확히 담고 있다. 역대 어느 정부보다 노골적인 내용들이다. 〈뉴욕타임스〉의 지적대로 핵심은 이러한 외교정책의 흐름이 '트럼프 이후에도' 크게 변화하지 않을 것이라는 점이다. 미국의 절대적 힘이 예전 같지 않고 무엇보다 미국 유권자들이 '미국 우선주의'를 원하기 때문이다.[1] NSS에는 그동안 미국에 최대 위협이라고 규정했던 중국에 대해서는 비교적 절제된 표현들이 들어선 반면, 동맹들에게는 무임승차를 했다며 맹렬한 비난을 퍼붓는다(심지어 유럽의 경우 '경제 쇠퇴와 문명 소멸'이 지속되고 있다면 이민 정책을 변경하라고 훈계까지 한다. 사실상 내정간섭이다).

안보 이슈를 거론한 '우선순위(priority)' 부분에는 다음과 같이 적혀 있다.

---

1   현재 일부 마가 세력이 베네수엘라 선박 폭격을 지지하는 등 개입주의와 일방주의적 노선을 지지하고 있지만, 이것은 자신들의 힘을 과시하는 데 대한 자기만족감이다. 과거, 일부 명분이라도 있었던 슈퍼맨 미국은 더 이상 원하지 않는다는 의미다.

 동맹이라는 거짓말

"부담 분담(Burden-Sharing)과 부담 이전(Burden-Shifting): 미국이 아틀라스처럼 전 세계 질서를 모두 떠받치고 있던 시대는 끝났다. 미국에는 수십 개의 부유하고 고도로 발전한 동맹국과 파트너 국가들이 있으며 이들 국가는 각자의 지역에 대해 주된 책임을 지고 우리의 집단 방위에 훨씬 더 크게 기여해야 한다. 트럼프 대통령은 헤이그 공약(Hague Commitment)을 통해 새로운 세계적 기준을 설정했다. 이 공약은 나토 국가들이 국방비를 국내총생산의 5% 수준으로 지출할 것을 약속하는 내용이며, 우리 나토 동맹국들은 이를 승인했고 이제 이를 이행해야 한다. 동맹국들에게 자국 지역에서의 주된 책임을 지도록 요청하는 트럼프 대통령의 접근 방식을 이어받아, 미국은 주관자이자 지원자로서 부담 분담 네트워크를 구성할 것이다."

특히 NSS에서 한국이 무역·안보 분야 등에서 총 세 차례 언급되는 가운데 "트럼프 대통령이 일본과 한국에 대해 방위비 분담금 증액을 강하게 요구해온 점을 고려할 때, 우리는 적을 억제하고 제1도련선(First Island Chain)을 방어하는 데 필요한 역량 신규 역량을 포함한—에 초점을 맞춰 이들 국가들이 국방 지출을 증대하도록 촉구해야 한다"며 "분쟁을 예방하기 위해서는 인도·태평양 지역에서의 경계 태세, 방위 산업 기반의 재건, 미국과 동맹·파트너 국가들의 군사 투자 확대, 그리고 장기적으로 경제·기술 경쟁에서의 우위 확보가 필요하다"고 강조하고 있다.

앞서 미 고위 관계자들은 기회가 있을 때마다 한국의 대중 견제 역할을 강조하고, 더불어 더 많은 비용을 부담하라고 압박해 왔다. 국가안보전략은 이를 공식적으로 재확인했을 뿐이다.

2025년 5월 제이비어 브런슨(Xavier T. Brunson) 주한미군 사령관(한미연합군사령관·유엔군사령관 겸직)은 한국을 '일본과 중국 사이에 떠 있는 항공모함'이라고 표현했다.[2] 그는 "주한미군은 북한을 격퇴하는 것에만 초점을 맞추지 않는다. 우리는 더 큰 인도·태평양 전략의 작은 부분으로서 역내 작전, 활동과 투자에도 초점을 맞추고 있다"고 말했다.[3] 특히 한국은 "베이징과 가장 가까운 동맹의 존재"이자 "일본과 중국 본토 사이에 떠 있는 섬이나 고정된 항공모함과 같다. …한국에 주둔하는 미군은 북한·러시아·중국 지도부의 셈법을 바꾸고 비용을 부과하며 어느 충돌에서든 우리나라의 가장 고위급 지도자들에게 선택지를 제공한다"고 강조했다. 또한, 한미일 군사 훈련에 대해 "한미일 협력은 관행적으로 해야 하며 그것을 막는 장애물을 치워야 한다"고 주장했다. 미국의 이익을 위해, 과거 한국을 식민지화했던 일본과 군사 훈련을 "관행적으로 해야 한다"면서 사실상 한미일 관계를 군사 동맹 수준으로 격상시켜야 한다는 주장이다. 지금까지 한일 양국은 군사 '협력'은 해왔지만 동맹은 아니다(물론 윤석열 정부의 시도는 있었다). 과거 식민지 역사와 현재 일본의 태도(아베 전 총리, 다카이치 총리 등), 한국인의 반일 감정 등을 감안하면 한미일 '군사 동맹'은 강요할 수 있는 사안이 아니다.

---

2   "주한미군사령관 '한국, 일본과 중국 사이 항공모함'", 경향신문, 2025.5.16.
3   하와이에서 열린 미국 육군협회 태평양지상군(LANPAC) 심포지엄

주한미군 사령관 발언에 이어 대릴 커들(Daryl L. Caudle) 해군참모총장은 11월 13일 국방부 출입기자단과 인터뷰(서울)에서 "한미는 이미 매우 강력한 동맹과 파트너십을 갖고 있다"며 "그 잠수함(핵잠)을 중국을 억제하는 데 활용하는 것은 자연스러운 예측이라고 생각한다"고 밝혔다. 이재명-트럼프 정상회담(10월)에서 트럼프가 핵추진 잠수함을 승인한 이후 관련 내용을 설명하면서다. 이와 관련, 피트 헤그세스(Peter Hegseth) 국방장관은 한국 정부의 국방비 증액 방침을 높이 평가하며 "한국이 재래식 방위에서 주도적인 역할을 맡기로 약속했다"고 언급하기도 했다. 이재명 대통령은 트럼프 대통령과 두 차례 회담(8월 워싱턴, 10월 경주)을 통해 국방비 지출을 GDP의 3.5% 수준까지 올리겠다고 약속한 상황이다.

NSS에 대해 미 전략국제문제연구소(CSIS)는 '민주주의 증진이나 가치 중심의 외교가 사라지고 철저하게 실용주의와 미국의 경제적 이익에 집중하는 경제 안보 중심의 전략'이라고 분석했다. 탈(脫) 이념적이라는 평가다. 또, 인도-태평양 지역의 중요성은 여전하지만 과거 전략들에 비해 비중이 다소 낮아졌고 대신 서반구(Western Hemisphere) 보호와 미 본토 안보가 최우선 순위로 올라온 점을 주목했다. NSS와 함께 핵심 문서로 분류되는 NDS(National Defense Strategy) 초안을 입수해 분석했던 〈폴리티코〉는 미국의 대전략이 크게 변하고 있다고 보도한 바 있다.[4] 〈폴리티코〉는 "지난주 피트 헤그세스 국방장관 책상에 올라온 최신 국방전략 초안은

---

4 Paul McLeary and Daniel Lippman, "Pentagon plan prioritizes homeland over China threat", Politico, 2025.9.5.

베이징과 모스크바 같은 적대국 대응보다 국내 및 지역 임무를 우
선시한다"고 지적했다. 이 초안 내용을 브리핑받은 한 관계자는 "이
는 여러 대륙에 걸친 미국과 동맹국들에게 중대한 전환점이 될 것"
이라며 "오래전부터 신뢰받아 온 미국의 약속들이 의문을 받고 있
다"고 말했다고 보도했다.[5]

NSS가 공개되자 가장 먼저 환영 입장을 밝힌 것은 다름 아닌
러시아였다. 우크라이나 종전 협상이 러시아 측의 의도대로 진행되
고 있던 2025년 12월7일(현지시간), 드미트리 페스코프(Дмитрий Пес
ков) 크렘린궁 대변인은 "이번 조치는 긍정적인 조치"라며 "이러한
메시지는 이전 미국 행정부의 접근과는 대조적"이라고 박수를 쳤
다(러시아 〈타스통신〉). 직전 바이든 행정부는 2022년 국가안보전략에
서 '우선순위' 챕터에 중국과 러시아를 가장 먼저 배치했고 같은 해
국방전략(NDS), 핵태세검토보고서(NPR), 미사일방어검토보고서
(MDR) 등에서도 러시아를 '당장의 위협'으로 상정했다.[6]

Would the U.S. trade New York for Paris? (1950s)

(미국이 파리를 위해서 뉴욕을 포기할 것인가?)

---

5   이는 앞서 3월 〈워싱턴포스트〉의 보도 내용과도 또 다른 것이다. 당시 〈워싱턴포스트〉 단독
기사에 따르면, 국방부는 향후 "미 본토와 중국"에만 집중한다는 내용의 초안을 검토했다.
"1기 트럼프 행정부와 바이든 행정부는 중국을 미국에 대한 가장 큰 위협으로 규정하고 태평
양 지역의 분쟁에 대비하고 억제하기 위해 군대를 배치했다. 그러나 헤그세스 국방장관의 지
침은 대만의 잠재적 침공 가능성을 다른 잠재적 위험보다 우선시해야 하는 유일한 시나리오
로 설명하면서 방대한 미군 구조를 국토 방어 임무를 넘어 인도 - 태평양 지역으로 재조정한
다는 점에서 매우 이례적"이라고 평가했다. 이 흐름을 요약하면, 2025년 상반기만 하더라도
주요 문서 초안에는 중국 견제에 무게가 실렸지만, 불과 6개월 뒤 입수된 또 다른 초안에서는
'미국 본토'에만 집중하겠다는 방향 전환이 이뤄진 것이다.

6   곽민서, "중·러에 압박수위 낮춘 트럼프의 국가안보전략…러 '긍정적'", 연합뉴스, 2025.12.7.

동맹이라는 거짓말

Would the U.S. trade New York for Seoul? (2000s)

(미국이 서울을 위해서 뉴욕을 포기할 것인가?)

핵을 가진 국가들이 으르렁대던 냉전 시기 핵심 질문은 "과연 미국이 파리를 위해서 뉴욕을 포기할 것인가?"였다. 이제 질문을 바꿔보자. "과연 미국은 서울을 위해 뉴욕을 포기할 것인가?"

우리 모두 대답을 알고 있다.

특히 북한이 처음으로 핵실험을 한 2006년 10월 이후 이런 막연한 의구심은 더욱 날 선 질문이 됐고, 2017년까지 무려 여섯 차례나 핵실험이 이뤄지면서 고민은 더욱 깊어졌다. 2026년 현재 북한은 자신들이 개발한 핵탄두를 더 멀리, 더 많이 날릴 수 있는 대륙간탄도미사일(ICBM) 개발에 박차를 가해왔다. 북한은 2025년, 크리스마스에 자신들이 건조 중인 8,700톤급 핵잠수함을 과시하듯 공개하기도 했다. 한국이 향후 건조할 핵추진 잠수함을 겨냥해 '반드시 대응해야 할 위협'이라고 비난하면서다. 김정은이 직접 현지 지도하는 사진 등을 분석하면 잠수함발사탄도미사일(SLBM)은 발사 가능 형태로 추정되며 특히 소형 원자로까지 탑재한 것으로 보인다.[7] 앞서 2021년 1월 북한은 조선로동당 제8차 대회에서 '국방력 발전의 핵심 5대 과업'을 발표했고 그중 하나가 핵잠수함이었다.

주변 상황을 보면 한국의 자주국방은 더 이상 정치적 논쟁거리가 아니라 반드시 달성해야 하는 목표가 됐다. 어느 국가든 스스로

---

7   "北, 韓핵잠 비난하며 건조 중인 핵잠 과시…러와 협력 가능성", 연합뉴스, 2025.12.25.

능력을 갖출 때 레버리지가 생긴다. 경제력도 군사력도 마찬가지다. 한국 스스로 뛰어난 국방력을 확보할 때 외교의 공간 역시 넓어진다.

한국을 원하게 하라

오바마 정부 때(2009.1.~2017.1)까지만 하더라도 언론에서 '경제'와 '안보'라는 단어는 구분돼 사용됐다. 오랜 시간 동안 서로 다른 장르로 이해했고 그런 경계에 익숙했다. 그런데 2017년 1월 트럼프 정부가 들어서면서 단어의 흐름이 완전히 바뀐다. 트럼프는 집권 초기부터 '경제안보'라는 단어를 줄기차게 사용한다. 살상 무기가 오가는 안보 문제와 경제 문제를 어떻게 같은 카테고리 안으로 묶는 것인지 이해하는 데 다소 시간이 걸렸다.

2020년대에 들어 '경제안보'라는 표현은 더 이상 낯설지 않다. 반도체, 인공지능, 양자컴퓨터, 희토류… 이제는 감이 잡힌다. 희토류와 같은 원자재부터 공급망 확보, 그리고 첨단 기술 보유는 곧 미래 성장 동력이자 생존 문제가 됐다. 무엇보다 반도체, 인공지능 등은 단순히 기술 수준에만 머무르지 않고 그대로 국방 역량으로 이어진다. 이제 전쟁은 "데이터, AI, 그리고 반도체가 결합한 '지능형 전장(Intelligent Battlefield)'으로 진화했다. 센서가 탐지하고, 인공지능이 판단하며, 네트워크가 결심을 수행"한다. 고성능 반도체는 전투력의 핵심이 됐다.[8] 이제 새로운 기술, 산업 분야에서 주도권, 표준을 빼앗기면 그 나라의 생존 자체가 위협받는 시대라는 게 명확해졌다. 우크라이나 전쟁이 이를 여실히 증명하고 있다. 현재 인공지능, 반도체 등을 두고 경쟁하는 미국과 중국은 결국 생존 싸움을

---

8   최용선, "K 방산의 치명적 약점, '국방 반도체'", 피렌체의식탁, 2025.10.20.

하고 있는 것이다.

이와 관련, 대만의 TSMC에 대한 논의를 보면 국제 정치의 속내가 그대로 드러난다. 바이든 정부 시기였던 2022년 10월 7일 〈블룸버그〉는 정부 관계자를 인용해 "우크라이나 전쟁 이후 대만에 대한 미국의 비상계획이 강화됐다"며 "미국은 중국이 대만을 침공해 TSMC 점령을 시도하는 최악의 경우 반도체 인력을 철수시키는 방안도 검토 중"이라고 보도했다. 특히 "미국이 TSMC 공장을 중국에 넘겨주기보다는 차라리 파괴하는 일명 '초토화 전략' 주장까지 나오고 있다"고 전했다.[9] 그런데 새로운 얘기가 아니었다. 앞서 2021년 일부 군사 전략가들은 이른바 'Broken Nest(부서진 둥지)' 전략을 주장한 바 있다. "중국 지도부로 하여금 침공이 현상 유지보다 더 해로운 평화를 낳게 될 것이라고 확신시키는 전략을 개발해야 한다"는 주장이다.[10] 한마디로 중국 측에 '당신들이 침공해봤자 남는 게 없을 것'이라는 확신을 주자는 얘기다. 트럼프 행정부에서 국가안보보좌관(2019~2021)을 지낸 로버트 오브라이언(Robert O'Brien)도, 2026년 현재 국방 정책의 브레인 역할을 한다는 국방부 엘브리지 콜비(Elbridge Colby) 차관도 유사한 발언을 했다. 바로 '내가 갖지 못하면 파괴하라'는 것이다.

역으로 해석하면, TSMC를 위해서라도 미국은 중국 침공 시 대만을 위해 최선을 다할지도 모른다. 아주 거칠고 단순히 표현한다

9　이은택, "'中 대만 침공 땐 美, TSMC 부수고 철수' 보도에 대만 내부 'TSMC 파괴는 절대 용납못해' 반발", 동아일보, 2022.10.11.

10　Jared M. McKinney and Peter Harris, "Broken Nest: Deterring China from Invading Taiwan", Parameters 51, no.4, 2021.

면 미국은 '대만'이라는 국가보다 TSMC를, 한국이라는 국가보다 삼성과 SK하이닉스를 더 아낄 수 있다는 얘기다. 필요하다면 보호할 것이고, 안보는 이처럼 미국이 필요로 할 때 비로소 제공된다. 1950년대 한국전쟁 당시 미국은 한국이라는 보잘것없고 작은 나라를 보호했다기보다 '공산주의 확산' 저지를 위해 나섰다는 것이 냉정한 평가이다. 한국만이 갖고 있는 지정학적 중요성에 더해 독보적인 경쟁력이 확보될 때 안보도 그나마 제공받을 수 있다. 평범한 진리다. 힘을 길러야 한다. 상대가 우리를 원하게 해야 한다.

기술 경쟁, 공급망 전쟁

인공지능 시대다. 산업에서 전쟁 무기까지 인공지능이 필수다. 제조업과 정보통신이 세계 성장 동력이자 인류 문명의 커다란 전환점이었던 시대를 지나 이제 인공지능 역량이 국가 경쟁력을 좌우한다. 그리고 이 인공지능 개발을 위해서는 엄청난 양의 에너지와 높은 사양의 반도체가 필요하다. 서로 얽혀 있어 공급망의 어느 부분도 끊어져서는 안 된다. 언론에서 공급망이라는 단어를 매일같이 접하는 배경이다.

다행히 대한민국은 곳곳에서 높은 경쟁력을 갖고 있다. 미중 긴피 터지는 경쟁 속에서 한국이 버틸 수 있는 힘이라고 해도 과언이 아니다. 2025년만 하더라도 인공지능 개발 폭풍 속에서 글로벌 기업들이 한국을 찾았다. 대통령 후보 당시 인공지능 속도전을 약속했던 이재명은 같은 해 9월 유엔 안전보장이사회에서 '인공지능과 국제 평화·안보'라는 주제로 회의를 주재하는 한편, 블랙록 래리 핑크(Larry Fink) 회장을 만나 '서울을 인공지능 수도로 만들자'는 데 뜻을 같이했다.[11] 이어 오픈AI 샘 알트먼과 엔비디아 젠슨 황, 손정의 회장 등 주요 기업인들은 줄줄이 한국을 찾아 정부 및 삼성, SK하이닉스와 같은 기업들과 인공지능 개발 논의를 폭넓게 진행한다. '깐부치킨 회동' 퍼포먼스까지 선사한 엔비디아의 CEO 젠슨 황은 돈이 있어도 구할 수 없었던 GPU 26만 장을 공급하겠다고 약속했다. 이들 글로벌 기업 입장에서도 한국이 갖고 있는 메모리 반도체 기술 등은 없어서는 안 되는 요소이다. 반도체 외에도 외국에서 관심을 갖는 분야들이 있다. 각국이 자체 문화·언어 기반의 AI를 구축하려는 '소버린 AI' 열풍 속에서, 한국은 독자적인 LLM을 보유한 몇 안 되는 국가로 평가받는다. 글로벌 기업들은 AI 개발 환경에 좋은 한국을 아시아 진출의 거점으로 고려하고 있다. 엔비디아의 경우 현대차그룹 등과 협력해 자율주행차는 물론 휴머노이드 로봇에 엔비디아의 AI 두뇌를 이식하는 '피지컬 AI' 생태계 확장까지 노리고 있다.

대외경제정책연구원은 "AI 기술 발전의 핵심인 반도체를 둘러싼 미중 패권 경쟁의 심화 국면에서 한국이 기술 리더십을 유지하기 위한 대응 전략이 필요"하다며 "한국은 AI 반도체 기술(HBM 등)에서 경쟁 우위를 지니고 있으며 이를 미국과의 협력 지렛대로 활

---

11 세계 최대 규모 자산운용사인 '블랙록'은 13조 5,000억 달러(약 1경 9,000조 원, 2025년 12월 환율 기준)를 운용한다. 마이크로소프트, 엔비디아, xAI 등과 함께 'AI 인프라 파트너십'을 구성해 글로벌 AI 및 재생에너지 인프라 투자를 주도하고 있다. 한국정부는 블랙록과 국내 AI 및 재생에너지 인프라 협력에 관한 양해각서(MOU)를 체결했다. 2025년 9월 22일 이재명 대통령과 래리 핑크 회장은 한국이 아시아·태평양 지역의 AI 수도로 자리매김할 수 있도록 대규모 투자를 포함한 다양한 분야에서 협력하기로 뜻을 모았다.

용하는 전략이 필요"하다고 조언한다. 또한 "한국 정부는 반도체 메가 클러스터 구축 및 제도적 지원을 통해 국내 반도체 기업의 글로벌 경쟁력을 유지해야 한다"고 강조했다.[12]

첨단기술의 완성을 위해서는 공급망 확보가 필수적이다. 중국의 무기 희토류를 보면 설명이 쉽다. 미국 정부가 직접 투자하기로 한 '고려아연 프로젝트'는 세계가 얼마나 공급망 문제에 사활을 걸고 있는지 보여주는 또 다른 사례로 꼽힌다. 일반인들에게는 다소 낯선 기업 고려아연은 미국 현지에 약 74억 달러가 투입되는 제련소를 짓고 여기에 미국 정부와 기업이 상당액을 투자하기로 했다고 밝혔다. 2025년 12월 15일 미 상무장관 하워드 러트닉(Howard Lutnick)은 엑스(X)에 올린 성명에서 "외국 공급망 의존을 끝내는 변혁적인 핵심 광물 계약을 체결했다"며 '미국의 큰 승리'라고 규정했다. 러트닉은 "미국에서 연간 54만 톤의 필수 자재를 생산하는 최첨단 핵심광물 제련소 및 가공 시설을 테네시에 건설하기 위한 대규모 투자를 고려아연과 함께 발표했다"고 전했다. 그는 해당 광물이 방어 시스템, 반도체, 인공지능, 양자 컴퓨팅, 자동차, 데이터센터, 첨단 제조업 등 미래에 가장 중요한 기술들을 작동시킨다면서도 "갈륨, 게르마늄, 인듐, 안티몬, 구리, 은, 금, 아연과 더 많은 것들이 모두 미국 땅에서 생산돼 전투기와 위성부터 반도체 제조공장과 전력망까지 모든 것을 지원한다"고 강조했다. 관세 협상을 주도한 김정관 산업통상부 장관 역시 "한국의 입장에서도 희귀광물 공

---

12 KIEP정책연구 브리핑, 〈인공지능을 둘러싼 미·중 전략 경쟁과 우리의 대응 방향〉, 2025.3.

급망의 안정적 구축에 도움이 된다"고 말했다. 김정관은 "미국에 대한 투자 이슈로 미국 상무부에서도 적극 환영하는 프로젝트이며 구체적인 투자 과정에서 (대미 투자 펀드를) 활용하는 부분은 미 상무부와 논의할 주제"라고 밝히기도 했다. 관세협상에서 힘을 발휘한 '마스가(MASGA, 한·미 조선업 협력 프로젝트)'에 이어 미국이 필요로 하는 한국의 카드가 확인된 셈이다.[13]

미국 기업들이 유독 한국을 찾는 이유는 역시 중국 때문에다. 미국 정부가 중국과 디커플링하는 구조 속에서 '동맹'인 한국의 기술력은 정치적으로도 안전하다.

조선업이 있었다

트럼프가 벌인 관세 전쟁으로 모든 국가가 졸지에 피해자가 된 가운데 한국이 갖고 있는 잠재력이 확인됐다. 이미 두각을 내고 있던 방산은 물론 조선업과 비철금속 제련 기술 등이 대표적이다.

한미 관세 협상[14]에서 보았듯 '마스가(MASGA·미국을 다시 위대하게)' 프로젝트로 그나마 더 큰 위기를 모면할 수 있었다. 미국은 조선업을 포함해 제조업 전반이 오래전부터 붕괴됐던 반면 한국 조선업은 2010년대 중반 위기에도 불구하고 여전히 강력한 기술력을

---

13 고려아연이 직접 운용하게 될 미국 통합 제련소는 2029년부터 기초금속, 귀금속, 희소금속 등 비철금속 13종을 생산할 예정이다. 이 가운데 11종은 미국 정부가 국가 경제와 안보 차원에서 지정한 핵심 광물에 해당한다.
이 같은 전략적 중요성 때문에 총 투자비 약 74억 달러(약 11조 원) 가운데 90% 이상을 미국 정부(국방부, 상무부) 및 기업이 직접 투자한다고 밝혔다.

14 10월 말 경주 에이펙(APEC)을 계기로 방한한 트럼프 대통령과 이재명 대통령은 정상회담을 갖고 한미 관세 협상을 최종 마무리했다. 이재명은 11월 4일 열린 긴급 기자회견에서 총 3,500억 달러 규모 한국의 대미 투자(조선협력투자 1,500억 달러, 대미 투자 2,000억 달러 등) 등 합의 내용을 발표했다.(대한민국 정책브리핑)

동맹이라는 거짓말

갖고 있다. 일례로 2025년 8월 말 기준, 전 세계에서 발주된 LNG 운반선은 모두 16척이며 이 중 14척을 국내 조선사가 수주했다. 삼성중공업이 7척, HD현대삼호가 5척, 한화오션이 2척 등이다. 나머지 2척도 한화쉬핑(한화오션 자회사)이 한화오션의 미국법인인 한화필리십야드에 발주한 물량으로 사실상 한국이 16척 모두를 수주한 것이다.

12월 22일 트럼프는 극초음속미사일 등을 탑재한 차세대 전함(3만~4만급) 건조 계획을 직접 발표하는 자리에서 한화를 다시 언급했다.[15] 그는 기자회견에서 "미 해군이 사상 최대 규모의 전함 두 척을 새로 건조하는 계획을 승인했다는 것을 발표하게 돼 매우 영광"이라며 이 함대를 '황금 함대(Golden Fleet)'라고 명명하기도 했다. 우선 두 척의 전함을 시작으로 규모를 점점 더 늘려갈 예정이라며 "앞으로 매우 신속하게 8척을 추가로 더 건조할 계획이며 총 20~25척을 확보할 것"이라고 말했다.[16]

조선업을 둘러싸고 미중이 벌이는 싸움을 관전하면 한국의 조선업이 어떤 기회를 가질 지 보다 분명해진다. 미 무역대표부는 2025년 10월부터 중국 기업이 운영하거나 소유한 선박에 순톤수(net tonnage, 여객·화물 수송에 사용되는 공간의 용적)당 50달러의 입항 수수료를 징수할 것이며, 더 나아가 중국이 아닌 국가의 기업이 운영하는 선박이라도 중국에서 건조했다면 순톤수당 18달러를 내야 한다고 압박했다. 향후 비용을 높이겠다는 경고도 빠지지 않았다. 이

15　임성수, "트럼프, 100배 강한 전함으로 '황금함대' 구축…한화와 협력", 국민일보, 2025.12.23.
16　김형구, "트럼프, 한화와 협력해 100배 강한 '황금함대' 건조할 것", 중앙일보, 2025.12.23.

에 중국 정부도 '미국 선박에 대한 입항 수수료' 조치로 정확히 맞대응했다(참고로, 2025년 말 트럼프-시진핑은 해상·물류·조선 산업에 대한 양국 보복 조치 등을 1년 유예하기로 합의한다).

중국산 선박에 대한 항만 이용료 부과는 단순한 수수료 문제가 아니라 글로벌 해운과 조선, 나아가 중국 해군의 산업 기반까지 동시에 겨냥한 전략적 조치였다.[17] 전 세계 조선 수주 물량 중 중국의 비중이 절반을 넘는 상황에서 세계 해운사들이 엄청난 타격을 입게 된 것이다. 해운사들은 긴급조치로 노선을 변경하고, 동시에 신규 선박 건조를 중국이 아닌 다른 나라(사실상 한국과 일본)로 발주처를 변경했다. 미국은 입항료로 돈을 벌겠다는 의도보다 중국 조선업에 타격을 입히겠다는 계산을 하고 있는 것이다.

K-방산, 날아오르다

우크라이나 전쟁과 가자 전쟁 등의 여파로 유럽 지역의 무기 거래량이 대폭 증가했다.

스톡홀름국제평화연구소에 따르면, 우크라이나 전쟁과 가자 전쟁이 이어지면서 2024년 기준 세계 100대 방산 기업의 총 매출은 전년 대비 5.9% 증가, 무려 6,790억 달러(약 1,000조 원)에 달했다(매출 금액과 무기의 수는 다른 개념이다). 2015~2019년과 2020~2024년을 비교했을 때 전 세계 평균은 크게 차이가 없었지만 유럽 국가들의 무기 수입은 155% 증가한 것으로 나타났다.[18]

---

17 고한석, "미중 데탕트의 시작과 방황 끝 진로 모색의 선두에 선 한국", 피렌체의식탁, 2026.1.1.
18 "Trends in International Arms Transfers, 2024", SIPRI Fact Sheet, 2025.3.

4년째 전쟁이 계속된 우크라이나는 2020~2024년에 세계 최대의 주요 무기 수입국으로, 2015~2019년과 비교해 무기 수입이 거의 100배 증가했다. 2020~2024년 사이 우크라이나는 전 세계 무기 수입의 8.8%를 차지하며 단연 1위를 기록했고, 인도(8.3%), 카타르(6.8%), 사우디아라비아(6.8%), 파키스탄(4.6%) 등 중동 지역이 상위권을 차지했다.

한편, 미국은 2020~2024년에 전 세계 주요 무기 수출의 43%를 차지하며 최대 수출국 자리를 이어갔다. 뒤이어 프랑스 9.6%, 러시아 7.8%, 중국 5.9%, 독일 5.6% 등이 상위 5위 수출국이었다. 러시아는 무기 수출을 많이 하는 국가였지만 우크라이나 전쟁 준비로 수출할 수 있는 무기가 대폭 감소했다. 같은 데이터에서 한국(10위)이 전 세계 무기 수출에서 차지하는 비중은 2.1%(2015~2020년)에서 2.2%로(2020~2024년) 약 4.9%(5년간 성장률) 증가했다. 다만 SIPRI 데이터는 인도(배송) 물량을 기준으로 데이터화한 것으로, 한국에서 공개되는 방산 수출 수주액(계약/주문) 수치와는 차이가 있다.

국내 자료를 종합하면 한국 방산업체들은 2020년 약 14.3억 달러, 2021년 약 73억 달러, 2022년 약 173억 달러, 2023년 약 135억 달러, 2024년 약 95억 달러라는 대규모 수출 계약을 체결했다. 방위사업청이 2025년 240억 달러 목표를 제시한 가운데, 2025년 3분기 기준으로 국내 방산 5개사의 수주잔고는 90조 1,590억 원으로 파악됐다(전년말 대비 13.5% 상승).[19] 국내 한 언론의 분석 결과,

---

19 이태환, 〈방위산업: 올라온 체급, 증명의 무대〉, 대신증권 〈2026년 산업전망〉

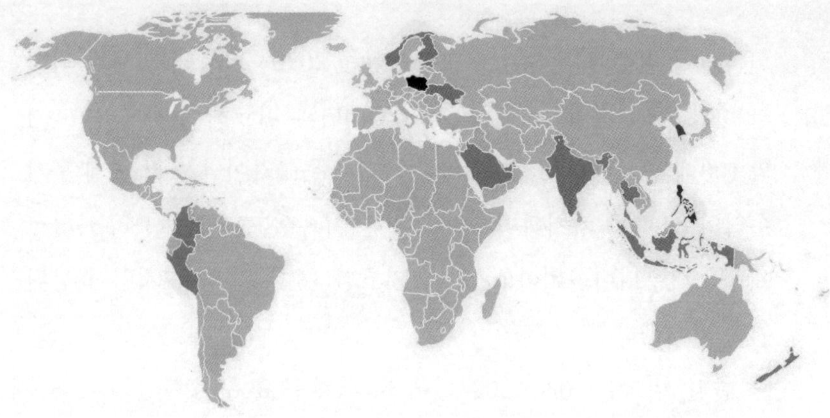

한국 무기 수출 현황. 2020~2024년 사이 23개국에 수출하고 있다. 폴란드가 가장 큰 수입국이다.　　　　　　　　　　　　　　　출처: SIPRI 무기이전 데이터베이스(2025년 3월)

수 있는 역량을 갖추고 있다.[21]

국내 방산 기업들의 장점으로 신속한 납기, 경쟁력 있는 가격, 까다롭지 않은 기술 이전 등이 꼽힌다. 주목할 것은 수출하는 무기 종류와 수혜국들 또한 크게 달라지고 있다는 점이다. 2015~2019년까지 주로 포병 시스템과 함정 및 항공기를 수출했다면, 2020~2024년에는 수출 품목이 장갑차, 미사일, 방공 시스템으로 확대되었다. 2010~2014년 사이 한국의 주요 무기 수출의 90% 이상이 터키나 인도네시아 등이었고, 2020~2024년에는 유럽과 아프리카, 라틴 아메리카 국가 등 23개국이 수혜국 목록에 포함됐다.

20　한예나, "K방산, 수주잔고 100조 '4~5년치 일감 확보한 셈'", 조선일보, 2025.8.19.
　　: 조선일보가 각 사의 2분기 사업 보고서를 분석한 결과, '빅4'의 수주잔고는 총 103조 4,766억 원에 이른다. 지난 2021년 말 42조 2,283억 원에서 단 3년 6개월 만에 두 배 이상으로 증가한 것이다. 수주잔고는 기업이 수주한 일감을 금액으로 환산한 것을 말한다.

21　Sumit Ahlawat, "1st Asian Country To Arm NATO State With Tanks & Jets — S.Korea Aims To Emerge Top-4 Weapons Exporter; Can It Topple China?", Eurasian Times, 2025. 10. 26.

　　　　　　　　　　　　　　　　　　　　　　　동맹이라는 거짓말

2020~2024년 한국 주요 무기 수출의 절반 이상이 유럽으로 향했고 폴란드만 해도 46%를 차지했다.[22]

이재명 대통령은 2025년 9월 서울국제항공우주방위전시회(ADEX)에서 "방위산업 4대 강국이 되는 일은 결코 불가능한 꿈이 아니"라며 2030년까지 국방과 항공우주 연구에 예상보다 많은 예산을 투입하겠다고 밝혔다. 이어 "국방 부문의 특수 반도체 같은 기술, 부품, 소재 개발에 투자를 집중해 기술 주권을 세우겠다"고 강조했다. 이와 관련, 대통령 비서실장 강훈식은 2025년 말 각종 인터뷰에서 최근 방위산업이 어떻게 진행되는지 설명한다. 과거에 무기 수출이 일종의 로비스트들의 사업이었다면 현재의 방산은 국가적 거래 개념으로 바뀌고 있다. 방산은 '조 단위'로 거래되는 경우가 많기 때문에 무기를 수입하는 상대국들이 경제적인 요청을 한다. 예를 들어 한국 무기를 대량 구입하는 대신 '자국의 철강을 사달라, 원전 사업에 도움을 달라'는 식의 제안이다. 규모 자체가 큰 데다 신뢰가 바탕이 되는 무기 수출과 관련해서는 이처럼 안보와 경제가 직결돼 있다. 무기 수출에는 정치와 외교가 중요하다.

여기서 잠시 한국의 무기 산업이 언제부터 본격화됐는지 보자. 무기는 공장에서 바로 찍어낼 수 있는 물건이 아니다. 오랜 시간 동안 계획하고 투자해야 하는 분야다. 시작은 2000년대 초 노무현 정부였다.

북한을 적으로 둔 한국에서 무기는 기본적으로 내수용이었다. 하지만 '자주국방'을 공개적으로 강조했던 노무현 대통령은 방산의

---

22 Minkyeong Kim and Xiao Liang, "Can the growth trend in South Korea's arms industry last?", SIPRI, 2025.12.

개념을 완전히 달리한다. 노무현 정부는 군 현대화를 추진하는 동시에 내수용이었던 K방산을 수출용으로 전환시켰다. 실제 방위사업청을 신설(2006)하고 수출전담 조직을 만들었다. '국방개혁 2020'을 통해 인구 감소에 대비한 '기술 집약형' 구조로 전환하려 노력했고 고성능 무기 체계에 대규모로 투자했다. 노무현 정부 말기였던 2007년경 방산 수출액이 처음으로 10억 달러를 돌파하는 등 외화벌이 산업으로서의 가능성을 확인했고 15년이 흐른 2022년에 173억 달러, 2023년 135억 달러(수주)를 달성한다.

2007년 10월 노무현 대통령은 '항공우주 및 방위산업전시회 개막식' 축사에서 "국방개혁이 완성되는 2020년경에는 우리나라가 첨단무기체계의 독자개발 능력을 확보하고 세계 10대 방산 선진국에 진입하게 될 것"이라고 밝혔다. 이어 방위산업 현황에 대해 "올해(2007) 벌써 5억 달러의 수출계약이 이뤄졌고 연말까지 10억 달러를 넘어설 것으로 예상된다"며 "2002년 수출이 1억 4,000만 달러였던 것을 생각하면 비약적인 성장"이라고 평가한 바 있다. 노무현은 또 "참여정부는 항공우주·방위산업의 발전을 위해 집중적인 노력을 기울여 왔다"며 국방연구개발비 2002년 대비 80% 증가(2007년 1조 2,000억 원), 국방기술의 민간 이전과 산·학·연 협력 확대, 방위사업청 신설 등을 대표적인 정부 지원 정책이라고 소개하기도 했다.

노무현 대통령의 당시 발언을 다시 듣다 보면 격세지감을 넘어 상전벽해라는 단어가 떠오른다. 이로부터 19년이 지난 2026년 현재 국방연구개발 예산안은 5조 9,129억 원으로, 전체 국방비 예산안 66조 2,947억 원의 8.92%를 차지했다.[23] 국방연구개발비 증가율은 (전년대비) 2023년(5.25%) → 2024년(8.69%) → 2025년(5.45%) → 2026년 안(19.19%) 등의 흐름을 보인다.[24] 2026년도 최종 예산은 5조 8,396억 원으로 확정됐는데 무려 20%에 달하는 역대급 증액이다. 이재명이 언급한 '예상보다 많은 예산'이다. 한국 방위산업은 정부의 노력, 전문가들의 기술 그리고 무엇보다 중요 자산인 신뢰를 바탕으로 쌓아온 업적이다. 전쟁을 치르는 국가들은 이제 한국의 무기를 원한다.

다만 무기는 자동차나 반도체 수출과 다르다. 떠벌리고 자랑할 것은 아니다. 살상무기이기 때문이다. 방산은 자존심을 갖되 최대한 조용한 외교를 통해 이뤄져야 한다. '무기 팔아 돈 번 국가' 이미지보다 '반도체 강국', '인공지능 허브', 'K-조선' 등 국가 브랜드를 만들어야 한다.

북극항은 외교다

인류가 저지른 범죄, 즉 기후 변화 속에 의외의 큰 변수가 생겼다. 바로 북극항이다.

1년 내내 꽁꽁 얼어붙어 있어 아무도 가지 않으려 했던 곳이 이제는 기후 온난화로 녹아내리고 있다. 앞으로 빙하는 더 녹을 것이고 더 많은 시간 동안 배들이 부유할 것이다. 지리적으로 가까운 한

---

23 정부가 국회에 제출한 예산안 66조 2,947억 원을 논의한 결과, 12월 2일 최종 65조 8,642억 원으로 확정됐다. 방위력개선분야 R&D는 19.4% 증가했다(2025년 4조 8,894억 원 → 2026년 5조 8,396억 원).

24 국회예산정책처, 〈국방연구개발 사업평가〉, 2025.11.18.

국에도 북극항은 매우 중요하다.

미국 해양대기청 NOAA(National Oceanic and Atmospheric Administration)가 2025년 12월 28일 공개한 〈제20차 북극보고서〉에 따르면 북극은 지난 20년 간 과학계가 예상했던 속도를 훨씬 뛰어넘는 기후 변화를 겪고 있는 것으로 나타났다. 보고서 작성에 참여한 매튜 드러켄밀러(Matthew L. Druckenmiller) 국가설빙데이터센터(NSIDC) 선임연구원은 "2024년 10월부터 2025년 9월까지의 수문연도(water year)에 125년 북극 관측 역사상 가장 높은 기온을 기록했다"며 "이는 단순한 이상 현상이 아니라 구조적 변화의 신호"라고 지적했다. 보고서에 따르면 2025년 북극에서 눈이 덮인 면적은 6년 연속 감소 중이고 해빙 역시 급격하게 감소했다. 2025년 3월 최대 해빙 면적은 위성 관측 47년 중 최저치였고 4년 이상 된 두꺼운 해빙은 95% 이상 급감했다. 2025년 북극은 1950년 이후 가장 많은 연간 강수량을 기록했다는 내용들이 보고되고 있다.[25]

이러한 충격적인 뉴스에 걱정하는 사람들과 별개로 각국은 북극항로 개척에 열을 올리고 있다.

북극항로가 주목받는 근본적 이유는 단적으로 시간과 돈이다. 같은 컨테이너 화물을 운송하더라도 경로가 대폭 짧아지면 시간과 비용 모두 절감된다. 일례로 부산항에서 네덜란드 로테르담까지 이동할 때 수에즈 운하 루트(약 2만km)와 비교하면 북극항로의 경우 거리는 약 35%(약 1.3만~1.5만km), 기간은 10일 이상(약 30~40일 →

---

25 "북극 기후변화 '가속' 경고음…2025년 NOAA 보고서", 해양통신, 2025.12.29,

     동맹이라는 거짓말

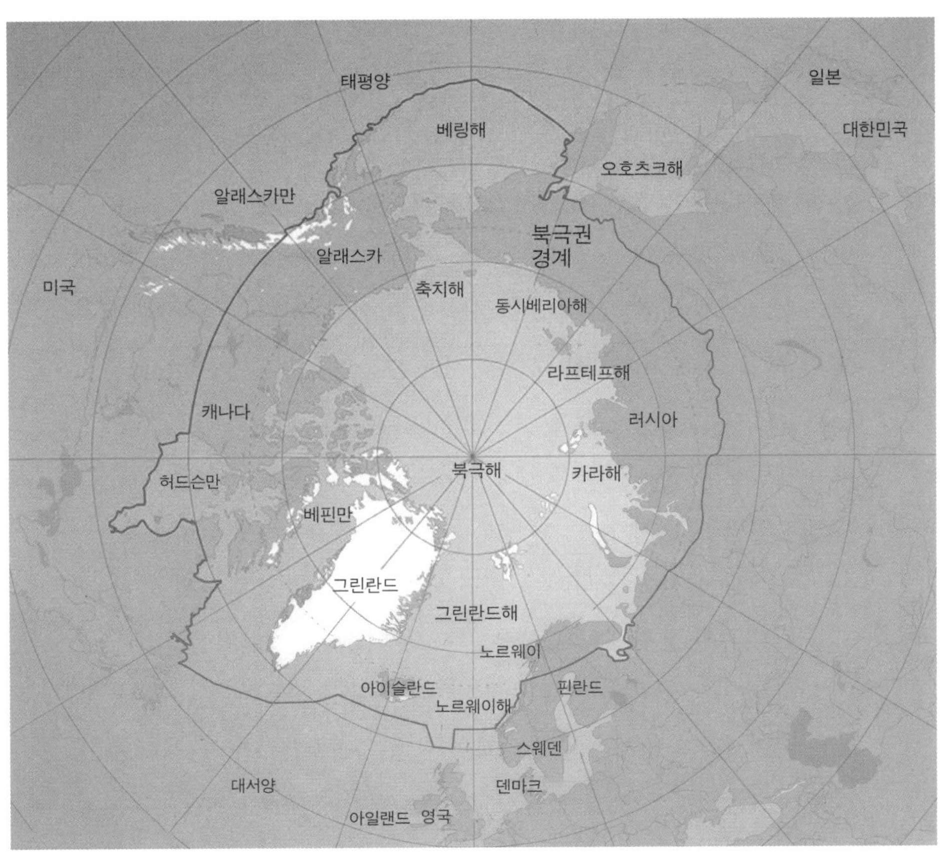

북극권 지도. 굵은 선은 일반적으로 사용되는 북극권(Arctic)의 범위를 나타낸 것으로, 북극해를 중심으로 미국(알래스카), 캐나다, 그린란드(덴마크), 아이슬란드, 노르웨이, 스웨덴, 핀란드, 러시아 등 주변 국가와 인접 해역을 포함한다.

20~25일) 단축될 수 있다. 운항 일수가 줄어들면 연료비와 인건비가 획기적으로 절감되고 탄소 배출량도 줄어든다. 무엇보다 홍해나 수에즈 운하 등 기존 경로는 전쟁, 약탈 등 안보·안전 문제로 인해 배가 우회하거나 몇 달 이상 접근하지 못하는 경우도 허다하다. 북극항은 안전하다(아직까지는).

핵심은 여기에도 지정학이 결부된다는 점이다. 트럼프가 푸틴을 달래는 이유, 심지어 그린란드 구입을 넘어 군사적 위협까지 하는 배경이다.[26] 북극해를 둘러싼 법적 주체(연안국 자격)는 러시아, 미국, 캐나다, 노르웨이, 덴마크(그린란드) 등 5개국이지만 지리적으로 러시아가 대부분의 항로를 장악하고 있다. 이미 북극해 항로(NSR, Northern Sea Rout) 일대는 러시아 수출의 11%, 국가 GDP의 7.5%를 차지할 정도로 경제 기여도가 높다(2024). 러시아는 2035년까지 해당 지역의 자원 개발(석유, 천연가스 관련 개발)이 1,600억 달러 이상의 연방 예산 세수 증가에 기여할 것으로 전망하고 있다.[27] 러시아는 쇄빙선 전력·군사기지·항만 인프라에서 압도적 우위를 차지한다. 미국의 경우 북극 연안은 알래스카 정도로 제한적이다.

미국의 자국 경제를 위해 중국이 당분간 필요하듯이, 북극항 개발을 위해서라도 러시아와 우호적인 관계가 필수적이다. 러시아와 관계가 개선되지 않으면 북극항 활용에 제약이 따르기 때문이다. 동시에, 러시아와 관계 개선이 방어적 대책이라면 그린란드를 점령하겠다는 생각은 공격적이다. 트럼프는 2026년 1월 9일 백악관에서 열린 석유·가스 기업 경영진 간담회에서 그린란드 확보 방안에 대한 취재진 질문에 "쉬운 방식으로 합의를 타결하고 싶지만 그게 통하지 않으면 힘든 방식으로 하겠다"며 "우리가 안 하면 러시아나

---

26 2026년 1월 3일 베네수엘라 군사 공격 직후 미 행정부 주요 인사들은 '그린란드 획득'을 위해 군사적 옵션도 고려될 수 있음을 시사했다.

27 "Russia to Earn \$160bn in Taxes from Northern Sea Route by 2035, Arctic Region Accounts for 7.5 Percent of GDP", High North News, 2025.5.19.

                                          동맹이라는 거짓말

중국이 그린란드를 차지할 것"이라고 주장했다.[28]

참고로, 트럼프는 지정학만을 보는 것이 아니다. 여기에 또 돈이 얽혀 있다. 이미 오래전부터 북극권에는 전 세계 미발견 원유의 약 13%, 미발견 천연가스의 약 30% 등이 매장된 것으로 전해진다.[29] 그린란드에만 희토류 추정 매장량이 최소 150만 톤이라는 보고가 있다.[30]

북극항로는 한국에도 중요하다. 지구본을 위에서 내려다보면 한국의 위치가 얼마나 중요한지 한눈에 알 수 있다. 특히 부산항은 북극항의 입구이자 출구인 베링 해협과 가깝기 때문에 이 지역을 통과하는 선박들에 매우 중요한 항구이자 전략적 지역으로 재평가 받을 수 있다. '싱가포르가 멜라카 해협을 통해 누렸던 물류 허브의 지위'를 가질 수 있다는 말도 나온다. 더불어 북극항로는 여전히 얼음이 많기 때문에 쇄빙선이 반드시 필요하다. 한국 조선 3사(HD현대, 한화오션, 삼성중공업)는 세계 최고의 쇄빙 컨테이너선 기술을 보유하고 있기 때문에 이 항로가 본격적으로 열린다면 한국을 찾는 수요자들은 더욱 늘어날 것이다.

러시아 중국 미국이 벌이고 있는 '북극항 빼앗기 전쟁'을 조용히 관전하면서 한국은 한국대로 얻을 수 있는 최대치를 얻어야 한다.

---

28 김형구 "트럼프, '그린란드, 안되면 힘든 방법도' 강압 불사…美 전직관료들 '어리석은 일'", 중앙일보, 2026.1.11.

29 미국 지질조사국(USGS) 2008 Arctic Resource Assessment

30 트럼프를 움직이는 세력 '록브릿지 네트워크'가 있다는 얘기가 나온다. 이들은 엄청난 부를 축적한 '테크 우파'들로 구성된 일종의 '정치 벤처캐피털'이다. 록브릿지가 추천한 사람이 현재 부통령 J.D. 밴스다. 록브릿지 창업자인 크리스 버스커크(Chris Buskirk)는 '1789 캐피털'을 공동 창립했고 '1789 캐피털'은 희토류 채굴, 전쟁용 인공지능 공장 건설, 3D 프린팅, 로켓연료개발, 방위산업 등 트럼프 정부의 경제 정책과 연관된 스타트업에 자금을 집중 투자하고 있다. '그린란드 매입' 등 각종 이권과 관련된 이슈 뒤에는 이들이 있다는 분석이 있다.

전략적 모호성에서 전략적 자율성으로

미국의 베네수엘라 침공(2026.1.3) 이후 국제 정세는 말 그대로 한 치 앞을 예측하기 어려워졌다. 이 같은 환경 속에서 한국은 그저 이기적이 돼야 한다. 지독한 실리 외교를 추구해야 한다. 한국의 덩치가 커질 만큼 커졌고, 지고지순한 가치 외교도 이제는 힘을 발휘하지 못한다. 민주주의, 인권 등 반드시 지켜야 하는 기본 가치를 제외하고는 모든 것은 국익을 기준으로 판단해야 한다.

중국이 G2라는 현실을 인정하지 않으려는 사람들이 한국 내에 의외로 많다. 상대방의 국력과 경쟁력을 냉정하게 인정하는 데서부터 영리하고 정교한 외교가 시작된다. 경제적으로 여전히 중국에 크게 의존하는 한국 입장에서 오로지 미국과의 관계만을 중시할 수는 없다. 지리적으로 가깝고 지정학적으로 예민한 중국은 좋든 싫든 서로 이사 갈 수 없는 평생 이웃이다. 이재명 대통령은 한중 정상회담 직후 열린 '한중 벤처스타트업 서밋' 행사에서 "과거에는 한국의 자본·기술과 중국의 토지·인력을 결합하는 방식이 협력이 이뤄졌지만 이제 중국의 자본·기술 축적량이 대한민국을 따라잡는 것을 넘어 추월하는 단계"라고 말했다. 미국과의 기존 안보 동맹, 경제 협력을 유지하면서 중국도 전략적으로 활용해야 한다. 주식이든 외교든 '한 바구니'는 위험하다.

한국은 그동안 '전략적 모호성'을 견지해 왔다. 물론 모호성도 전략이고 특히 외교에는 선명한 발언을 삼가는 게 룰이다. 무엇보다 북한이라는 근본적인 약점으로 인해 대체로 미국에 기대는 외교를 해왔던 것이 사실이다. 하지만 지금과 같은 각자도생 시대에 몰빵 외교는 자살 행위다. 이제는 적극적 맥락에서 '전략적 자율성'을 가져야 하고, 한국은 그만한 잠재력이 있다. 한국이 상대적으로 과소평가했던 글로벌 사우스의 부상과 목소리가 무엇을 의미하는지 생각해야 한다.

이 대목에서 떠오르는 국가는 바로 인도다. 20세기 인도를 상징했던 '비동맹'은 21세기 들어 '다각동맹(Multi-alignment)'이라고도 불린다. 영국으로부터 오랜 시간 식민지 국가로서 고통받았던 인도는 냉전 시기에는 대표적인 비동맹국가의 상징처럼 자리매김했다. 미국 중심의 일극 체제가 흔들리는 과정 속에서 인도의 움직임은 여전히 흥미롭다. 중국과 국경을 맞대고 전쟁 직전까지 치닫는 등 역사적으로 적대적 관계를 유지해 온 인도는 미국이 이끄는 안보협의체 쿼드에 참여하며 합동 군사 훈련, 방산 기술 공유 등을 확대하는 한편 경제적으로도 밀착하는 모습을 보였다. 동시에 미국이 제재하는 러시아로부터 에너지와 무기를 수입하는가 하면, 사이가 좋지 않은 중국과는 브릭스로 연결되면서 외교력을 발휘해 왔다. 한마디로 그 누구도 배제하지 않고 철저히 실리 중심의 외교를 추구해 왔다. 물론 이런 외교가 항상 안정적인 것은 아니지만 인도는 여전히 주변국으로부터 러브콜을 받고 있다.

일례로 바이든 정부 당시 인도는 국제 제재 대상이었던 러시아로부터 무기와 석유를 수입한다. 무엇보다 우크라이나 전쟁 자금이 되는 러시아산 에너지 수입은(2024년 기준 전체 수입의 35% 이상이 러시아산), 미국 입장에선 크게 반발할 일이었다. 그렇다면 바이든 정부는 인도에 제재를 취했을까? 아니다. 오히려 인도에 첨단기술 및 방위 산업 협력 등을 제안한다. 이후 트럼프 정부가 러시아 에너지 수입을 이유로 인도에 최대 50% 관세를 부과(2025)했지만 이는 명분에 가까웠고 관세 협상 과정에서 불만을 표출한 조치였다. 미 의회보고서(2025)는 인도에 대해 '무역 등에서는 긴장 요소가 존재하지만' 미-중 전략 경쟁에서 핵심 파트너로 인식된다고 평가한 바 있다. 무역 등에서 갈등이 있지만 중국 견제를 위해 인도를 포기할 수 없다는 맥락으로 읽힌다.[31]

트럼프 정부의 과도한 관세 압박이 시작되자 인도-중국 밀착이라는 기묘한 장면도 연출됐다.[32] 동병상련이라고 했던가. 중국 공산당 중앙정치국 위원이자 외교부장인 왕이는 2025년 8월 인도를 방문한 자리에서 '중국 용(龙)과 인도 코끼리(象)가 서로를 억제하는 대신 조화로운 이인무(cooperative pas de deux)[33]를 추는 것'이 양국 28억 인구의 근본 이익이라고 강조했다(2025년 기준 전 세계 인구는 약 82억이고, 양국 인구만 해도 전 세계의 34.9%를 차지한다).

인도의 이 같은 외교술이 오히려 예상치 못한 보상(?)을 가져온 더 극명한 사례도 있었다(미국이 흔히 보여준 위선도 이 시기에는 설 자리가 없었다. 인도의 엄청난 인구와 시장을 겨냥한 거래였다). 2006년 10월 북한이 첫 핵실험을 단행하자 엄청난 제재와 압박을 가하던 부시 대통령

---

31 미 의회조사국(CRS), "U.S.-India Relations: A Summary", 2025.8.25.

32 2020년 6월 인도와 중국은 다시 충돌했다. '갈완 계곡(Galwan Valley) 난투극'으로 당시 양국 군대가 몽둥이와 돌로 충돌하여 수십 명의 사상자가 발생했다. 이후 냉각기를 가지다 '트럼프 덕분에' 다시 관계가 완화되는 양상을 보이고 있다.

33 2025년 8월 18~19일 인도 방문 중 중국 왕이 외교부장 발언. 파드되(Pas de deux)는 발레에서 유래된 용어로, 프랑스어로 '둘(deux)이서 추는 춤(pas)이라는 뜻이다.

은 '비공식 핵 보유국' 인도를 직접 방문해 핵 협정까지 맺어준다. 2006년 3월 부시는 뉴델리를 방문했고, 2008년 10월 미 의회는 법 개정을 통해 핵 합의를 마무리한다. 이 사건이 역사적 의미를 갖는 이유는, 똑같이 NPT 체제 밖에서 핵을 개발한 인도와 북한에 대해 완전히 상반된 태도였다는 점, 무엇보다 NPT 예외를 인정한 첫 사례라는 점 때문이다.

한국과 인도는 분명 지정학적인 차이가 있지만 인도는 상당히 낙후했던 20세기부터 현재까지 변함없이 비동맹 외교, 이제는 다각 동맹 노선을 이어가고 있다. 지정학적으로 미국이 '필요로 하는' 국가인 한국도 관성에 젖은 외교에서 벗어나야 한다. 우리가 강해질 때, 누군가에게 일방적으로 의존하지 않는다는 태도를 보일 때, 상대방도 우리를 인정하고 존중한다. 개인 관계도, 국가 관계도 다르지 않다. 미국 입장에서 한국은, 공급망부터 안보까지 그 어느 국가보다 중요한 동맹 국가다. 이 상황을 보다 영리하게 활용해야 한다.

지정학의 피해자에서 협상 테이블의 승자로

대한민국의 역사는 피해자의 역사다.

바다와 육지를 연결하는 지리, 강대국들 사이에 끼어 있는 지정학적 숙명, 작은 영토, 게다가 남북 분단이라는 구조적 제약(남한은 섬이 됐다) 등 여러 악조건 속에서 생존해 왔다. 생존 전략이라는 말이 식상함에도, 우리는 다시 이 거대한 변화 속에서 전과는 다른 생존 전략을 짜야 한다.

첫째, 양극화(혹은 다극화)가 빠르게 진행되면서 관성적이던 외교 방식에서 벗어나야 한다. 미국의 힘과 위상 추락, 강대국 정치의 부활, 글로벌 사우스의 부상 등 지각변동 속에서 기존 해법은 더 이상 통하지 않는다. 일례로 2006년 출범한 브릭스[34]는 이란, 인도네시아 등까지 가세하며(2025년 말 기준) 세계 인구의 48%, 세계 국내총생산(구매력 평가 기준)의 39%를 차지한다. 수십 년간 세상의 질서를 좌지우지하던 G7의 경우 세계 인구의 11%, GDP 비중은 30% 정도다. 글로벌 사우스의 존재감과 입장은 앞서 언급했듯이 우크라이나 전쟁에 대한 안보리 결의 과정에서도 고스란히 드러났다.

---

34 브라질·러시아·인도·중국과 남아프리카공화국 등으로 출발했다.

과거 노무현 정부의 동북아 균형자론, 박근혜 정부의 유라시아 이니셔티브(Eurasia Initiative), 문재인 정부의 신남방 정책, 이재명 정부의 국익 중심 실용외교 등은 이를 감지하고 의식한 흐름이었다. 이제 외교는 정치, 가치, 이념을 떠나 지독하게 실용적으로 접근해야 한다. 트럼프가 좋아하는 단어, 즉 '카드'를 꺼내 보이고 맞교환하는 노골적인 거래 방식이 이제는 국제 질서의 디폴트로 자리 잡을 것이다. 우아한 위선을 벗겨내고 욕망만 남은 시대가 결국은 다시 도래했다.

둘째, 미국 우선주의와 노골적 현실주의 흐름 속에서 수십 년간 확고한 믿음이던 한미 동맹을 재점검해야 한다. 미국이 습관처럼 표현했던 철통 같은 방어가 얼마나 강력한지, 그리고 '핵 우산'의 크기가 얼마나 큰지는 늘 미지의 영역이었다. 그런데 이제 미국은 공개적이고 선언적으로 한국의 방위는 한국 스스로 감당하라고 말하고 있다. 두 번에 걸친 트럼프의 등장은 미국의 대한민국 방위 기조가 크게 흔들리고 있다는 걸 확인하는 순간이기도 하다.

2026년 1월 공개된 국가방위전략(NDS)은 북한의 핵 전력에 대해 "미국 본토를 위협할 수 있는 역량을 점점 더 갖춰가고 있다. 이러한 전력은 규모와 징교함 면에서 모두 성장하고 있으며 미국 본토에 대한 핵 공격의 분명하고 현존하는 위협"이라고 정의하면서도 미국은 제한적인 지원을 하겠다고 말하고 있다. NDS는 "한국은 막대한 국방비 지출, 강력한 방위 산업 그리고 징병제를 바탕으로 구축된 강력한 군사력을 보유하고 있으며, 미국의 결정적이지만 보다 제한적인 지원(more limited U.S. support)만으로도 북한을 억제하는 데 주도적인 책임을 담당할 역량을 갖추고 있다. 또한 한국은 북한으로부터 직접적이고 명백한 위협에 직면해 있다는 점에서, 그러한 책임을 완수할 의지 또한 충분하다"고 적시했다.[35]

이런 반복된 메시지는 남북간 비대칭 구조(핵 vs. 재래식 무기)에서 미국 측에 안보 문제를 거의 절대적으로 의존해 왔지만 이제는 스스로 자주국방을 실현해야 한다는 뜻이다. '주권 국가는 스스로 방위를 책임진다'는 당위론적 이유에서도, 미국에 대한 굴종적인 태도에서 벗어날 수 있다는 실질적인 이유에서도, 더 이상 의존할 수 없는 현실적 이유에서도 자주 국방은 필수요소다. 오히려 북한과 대치하고 있는 대한민국의 경우 최악의 상황을 늘 대비해야 하기 때문에 사실상 유일한 선택지라고 말할 수 있다.

노무현 대통령이 강조한 자주국방이 주권과 자존심의 맥락, 다소 정치적 맥락에서 이해된 측면이 있었다면 20여 년이 지난 지금은 매우 현실적 문제가 됐다. 노무현의 이라크 파병(2003)도 결국 미국의 한국 방위의지 약화, 북미 충돌 가능성 등 주변 조건으로 인해 치러야 했던 대가였다. 한국 사회를 엄청난 혼란으로 몰고 갔던 당시 이라크 파병은 우리가 힘이 없을 때 어떤 일이 벌어지는지 보여주는 대표적인 사례로 기록되며, 2025~2026년 한미 관세 협상도 한 단면이다. 힘을 길러야 한다.

셋째, 북한 핵 문제를 해결하지는 못하더라도 최소한 평화를 유지할 수 있는 방법을 절박하게 찾아야 한다. 북한이 문제를 일으키

---

35 Department of Defense, 〈2026 National Defense Strategy〉

  동맹이라는 거짓말

지 않는 것만으로도 우리에게 이익이 되는 게 현실이다. 노무현·문재인 정부 등 이른바 진보 정권 시기 남북 대화는 활발했고 이처럼 최소한의 외교가 작동하는 기간 동안 북한의 핵·미사일 개발은 지연됐다. 2018~2019년 핵·미사일 모라토리엄이 대표적인 근거다. 질문은 단순하다. 지금 당장 핵개발을 '중단'시키는 것이 합리적인가? 아니면 문제 해결에 도움이 되지 않는 호전적 언사로 핵 탄두를 매년 10개씩 더 만들게 지켜만 볼 것인가? 답은 명료하다.

2026년 벽두부터 트럼프 정부의 베네수엘라 공격 및 마두로 납치 소식이 들린다(2월 28일에는 급기야 이란 침공까지 시작됐다). 국제법은 형해화됐다. 베네수엘라 침공 4일 뒤 〈뉴욕타임스〉와의 인터뷰(2026.1.7)에서 그는, 권력에 어떤 견제장치가 있냐는 질문에 "한 가지가 있다. 나의 도덕성. 나의 마음"이라며[36] "나에겐 국제법이 필요 없다"고도 했다. 심지어 그린란드를 소유하려는 것은 "그것이 성공을 위해 심리적으로 필요하다고 내가 느끼기 때문이다"이라고 답한다(Because that's what I feel is psychologically needed for success).[37]

어느 문장 하나 이해되는 구석이 없다. 그런데 이게 현실이다.

며칠 후인 2026년 1월 20일, 스위스에서 열린 다보스 포럼에서는 국제정치 맥락에서 자주 회자될 발언이 나왔다. 주인공은 캐나다 총리 마크 카니였다. 그는 '규칙 기반 국제 질서'의 위선을 지적하며 우리는 전환기가 아닌 파열의 한복판에 서 있다고 직격했다.

---

36 Donald Trump, "There is one thing. My own morality. My own mind"

37 "Trump Lays Out a Vision of Power Restrained Only by 'My Own Morality'", The New York Times, 2026.1.8.

그동안 국제사회가 애써 외면해 온 혹은 모른 척해 온 현실을 직설적으로 비판한 것이다. 그는 "우리는 규칙 기반 질서라는 이야기가 부분적으로는 가짜라는 것을 알고 있었다. 강대국들은 편리할 때 스스로 예외를 두었고, 무역 규칙은 비대칭적으로 집행됐다. 국제법 또한 피고인이나 피해자가 누구냐에 따라 엄격함의 정도가 달랐다"고 인정했다. 그럼에도 미국의 패권이 제공하는 공공재, 금융 시스템, 안보 등 때문에 눈을 감고 있었다고 강조했다. 그러면서 우리 모두 거짓 속에 살았다고 꼬집었다. 이어 "이제 이 거래는 더 이상 작동하지 않는다. 솔직해지자"고 선언했다.

연설 직후 기립박수가 쏟아졌다. 위선을 벗어던진 순간 그 오래된 부끄러움과 통쾌함, 시원함이 동시에 묘하게 전달된 순간이었다.

카니의 직설은 대한민국의 운명과도 연결된다. 그는 중견국들의 단합을 촉구했다. 이제는 거악이 된 미국의 패권적 행패에 맞서 싸워야 한다는 주장이다. 한국도 더 많은 친구를 찾아야 하고 동시에 전략적 자율성을 확보할 수 있는 실력도 더 키워야 한다. 트럼프가 결정적으로 와해시킨 세계 질서는 당분간 새로운 무엇으로 이어지기보다, '무질서'라는 유령과 싸우는 시간으로 채워질 것이다.

더 많은 도전 속에 우리는 또다시 살아가야 한다.

새벽 네 시에 깬다. 갑자기 여러 이름들이 머릿속을 쏜살같이 지나간다. 맞다. 감사의 인사를 드려야 할 시간이 왔다.

한 아이를 키우기 위해서는 마을 전체가 필요하다는 말이 있다. 책 한 권도 마찬가지다. 책 한 권, 그래 딱 한 권을 쓰기 위해 엄청난 에너지와 노력 무엇보다 주변의 도움이 필요하다.

지난해 책을 쓰기 시작할 무렵 가장 먼저 도움을 부탁드린 분은 벨랴코프 일리야 교수님이다. 내가 진행하는 프로그램에서 러시아에 대해 늘 정확한 설명을 해주시던 일리야 님은 한 달에 한 번쯤 꼭 읽어야 할 글들을 엄선해서 보내주셨다. 심지어 러시아 원문을 일부 번역까지. 파일을 전해 받으면서 두 손이 모아졌다.

모든 것을 내려놓고 책을 써보라며 5년 동안 조언 내지 압박을 한 역사학자 신용한 님께도 감사의 말씀 전한다. 덕분에 두 번째 책을 시작할 수 있었다.

먹지 않고 일하는 걸 알아채고 여러 번 밥을 투척하고 가신 박 모 변호사님, 내 허리 치료를 정성스럽게 해주신 이름 모를 선생님, 거칠기만 한 원고를 보고도 애정을 쏟아주신 멀리깊이 박지혜 편집자님, 흔쾌히 추천사를 써주신 정세현 전 통일부 장관님과 조국혁

신당 김준형 의원님, 그리고 많은 분들…. 어떤 말로 감사의 마음을 전할 수 있을까….

여행을 가면 혼자 보기 아깝다는 말이 절로 나오는 풍경들이 있다. 글을 읽을 때도 마찬가지다. 세상엔 감탄사가 튀어나오는 글들이 많다. 그 뒤엔 사람이 있다. 당장 발생하는 현상을 설명하는 짧은 글에도, 그들의 글은 19세기부터 시작한다. 혹은 1914년, 1939년, 혹은 1945년… 휘발성 강한 기사들을 소비하다 이들의 글을 읽게 되면 정성스러운 정찬을 먹을 때의 기분이다. 놀라운 연구와 관찰력 그리고 세상에 대한 인내심과 성찰이 느껴지는 글을 보며 '혼자 읽기 아까웠다'. 내 책의 시작점이다.

한 번도 만난 적 없는, 그러나 지구 곳곳에서 세상을 날카롭게 관찰하는 이 놀라운 필자들에게 존경의 마음을 전한다. 덕분에 즐거웠다.

동맹이라는 거짓말

ⓒ이승원

초판 1쇄 인쇄 2026년 3월 13일
초판 1쇄 발행 2026년 3월 26일

지은이 이승원
펴낸이 박지혜

기획.편집 이승원
디자인 디스커버
제작 제이오

펴낸곳 ㈜멀리깊이
출판등록 2020년 6월 1일 제406-2020-000057호
주소 10881 경기도 파주시 회동길 37-20, 202호
전자우편 murly@murlybooks.co.kr
전화 070-4234-3241 | **팩스** 031-935-0601
인스타그램 @murly_books
ISBN 979-11-91439-76-2 03340